HERMÍNIO SARGENTIM

OFICINA de ESCRITORES

8

ENSINO FUNDAMENTAL

IBEP

2ª edição
São Paulo – 2020

Oficina de escritores
Língua Portuguesa – volume 8
© IBEP, 2020

Diretor superintendente	Jorge Yunes
Diretora editorial	Célia de Assis
Assessoria pedagógica	Lunalva Gomes
Edição	RAF Editoria e Serviços
Revisão	Adriane Gozzo
Produção editorial	Elza Mizue Hata Fujihara
Assistente de produção gráfica	Marcelo de Paula Ribeiro
Estagiária	Verena Fiesenig
Iconografia	Victoria Lopes
Ilustração	Bruno Badaim/Manga Mecânica, Ivan Coutinho
Projeto gráfico e capa	Aline Benitez
Editoração eletrônica	Nany Produções Gráficas

CIP-BRASIL. CATALOGAÇÃO NA PUBLICAÇÃO
SINDICATO NACIONAL DOS EDITORES DE LIVROS, RJ

S251o
2. ed.
v. 8

Sargentim, Hermínio Geraldo
   Oficina de escritores, volume 8 / Hermínio Geraldo Sargentim. – 2.ed. – São Paulo: IBEP, 2020.

   ISBN 978-65-5696-036-4 (aluno)
   ISBN 978-65-5696-037-1 (professor)

   1. Língua portuguesa – Composição e exercícios. 2. Língua portuguesa - Estudo e ensino (Ensino fundamental). I. Título.

20-64417   CDD: 372.4
                                                          CDU: 373.3.016:811.134.3

Meri Gleice Rodrigues de Souza - Bibliotecária - CRB-7/6439
17/05/2020   22/05/2020

Impressão e acabamento: 2025 - Esdeva Indústria Gráfica Ltda. - CNPJ: 17.153.081/0001-62
Av. Brasil, 1405 - Poço Rico - Juiz de Fora - MG - CEP.: 36020-110

2ª edição – São Paulo – 2020
Todos os direitos reservados

IBEP

Rua Gomes de Carvalho, 1306 – 11º andar – Vila Olímpia
São Paulo-SP – 04547-005 – Brasil – Tel.: (11) 2799-7799
www.ibep-nacional.com.br

APRESENTAÇÃO

Futuro escritor,

Para aprender a escrever é necessário, antes de mais nada, escrever. É na prática constante da escrita que, gradativamente, são incorporadas as habilidades fundamentais do processo redacional.

Neste livro, você será conduzido a produzir diferentes gêneros textuais, todos reunidos em projetos. Para escrevê-los, vai ser preciso vivenciar algumas etapas de criação de um texto:

PREPARAÇÃO → ESCRITA → REVISÃO → REESCRITA → EDIÇÃO FINAL

A escrita permite-lhe refletir e organizar os dados da realidade. Ao mesmo tempo, possibilita-lhe viver de maneira intensa o seu pensar e o seu sentir.

Mediante o domínio da escrita, você certamente terá condições de conhecer e desenvolver, com maior consciência, as características básicas do ser humano – um ser inteligente, criativo e sensível.

O autor

ORGANIZAÇÃO DO LIVRO

PROJETOS

Todos os livros da **Oficina de escritores** estão divididos em projetos. Em cada projeto, você vai criar diferentes textos que formarão os seus livros ou o seu jornal.

PROPOSTA DE PRODUÇÃO DE TEXTOS

Introdução: um resumo e um convite para a leitura dos textos selecionados.

Leitura: apresenta-se uma variedade de textos selecionados de acordo com o projeto. A leitura desses textos busca orientar e, ao mesmo tempo, motivar você a escrever.

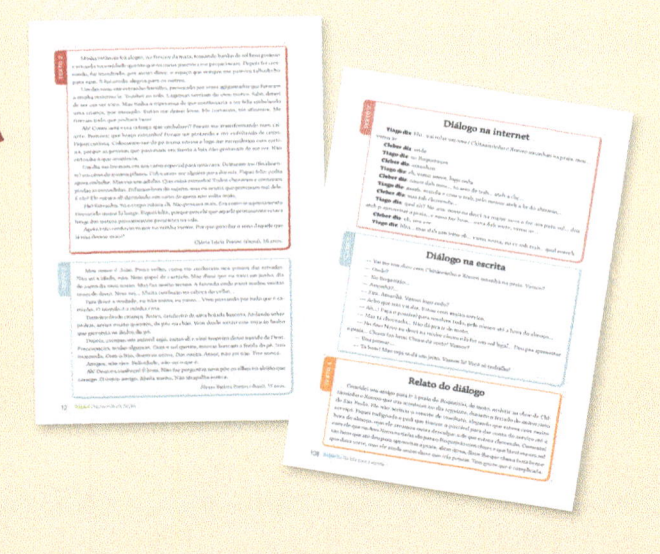

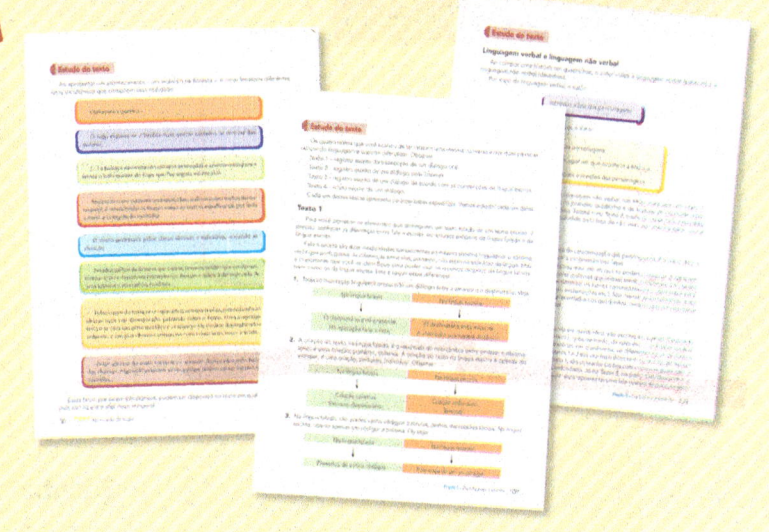

Estudo do texto: seção do livro que objetiva ajudar você a descobrir a maneira como os textos foram escritos, além de analisar os recursos da língua usados pelos autores no processo de criação textual.

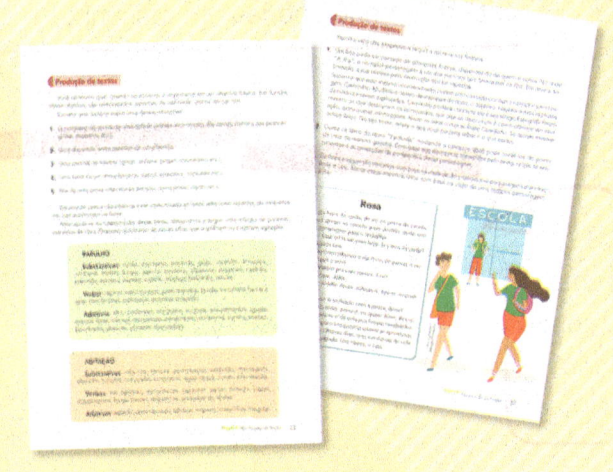

Produção de textos: nesta seção, você é convidado a escrever o próprio texto, com base na análise da organização do texto lido. A escrita envolve cinco etapas: preparação, escrita, revisão, reescrita e edição final. Essas etapas serão registradas em fichas.

GUIA DE REVISÃO DE TEXTOS

Esta é a última etapa do seu livro. Nela você pode encontrar uma explicação sobre os itens do **Roteiro de revisão** dos textos propostos na coleção.

FICHAS DE PRODUÇÃO DE TEXTOS

Planejamento: nesta primeira etapa de produção, você vai pensar no texto a ser escrito. Enquanto isso, poderá desenhar e fazer anotações.

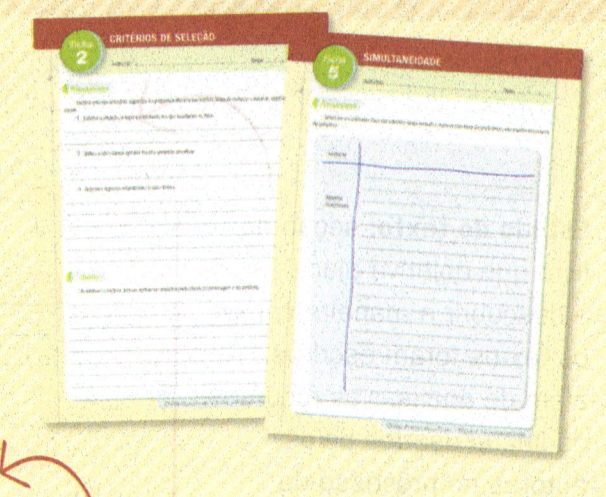

Escrita: esta é a etapa em que você vai começar a escrever, livremente, o seu texto. É essencial escrever à vontade, porque estará fazendo apenas um rascunho.

Revisão: esta etapa é muito importante. Você vai ler o texto que escreveu e, com o auxílio de um **Roteiro de revisão**, fará as correções que julgar necessárias.

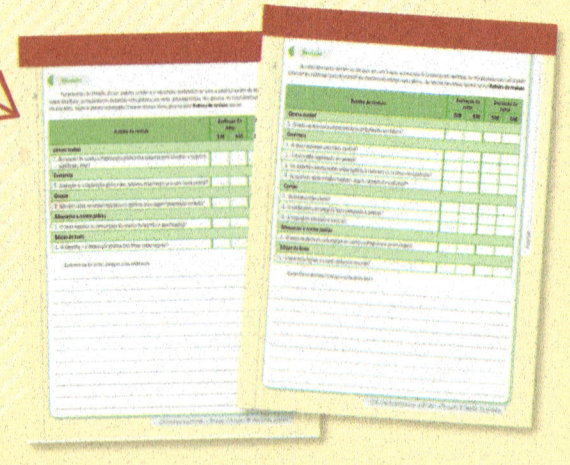

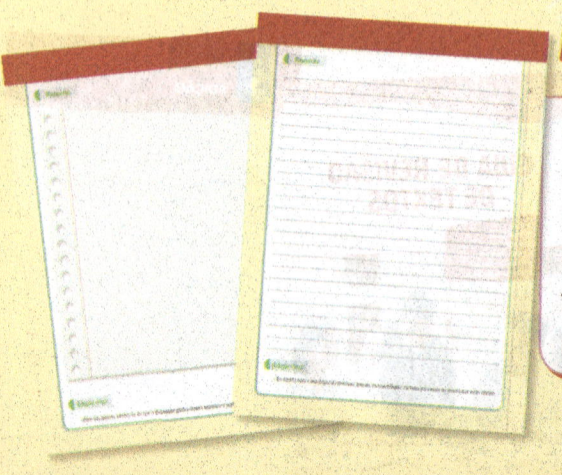

Reescrita do texto e Edição final: após a revisão do seu texto, você vai reescrevê-lo para que um leitor (professor e/ou colega) o avalie. Com a orientação de seu professor, você fará a edição final e publicação do texto, que vai compor o projeto proposto.

SUMÁRIO

PROJETO A

NO MUNDO DA FICÇÃO 9

1. **Criação da personagem** 9
   - O rei dos cacos 10
   - Estudo do texto 13
   - Produção de textos 13
2. **Critérios de seleção** 19
   - Aula particular 19
   - Estudo do texto 20
   - Produção de textos 23
3. **Narrador** 29
   - Pechada 29
   - A ilha 31
   - Estudo do texto 32
   - Produção de textos 33
4. **Narração e descrição** 39
   - Livre 40
   - Estudo do texto 40
   - Produção de textos 43
5. **Simultaneidade** 49
   - Canaã 49
   - Estudo do texto 50
   - Produção de textos 51
6. **Conflito** 57
   - Caso de canário 57
   - Estudo do texto 58
   - Produção de textos 60

PROJETO B

ATELIÊ DA POESIA 65

1. **Poesia na vida** 66
   - *Projeto idealizado por escritores transforma muro de escolas no Acre em espaços para poesias* 67
   - Produção de textos 72
2. **Linguagem poética** 77
   - Você é minha âncora 77
   - Estudo do texto 78
   - Produção de textos 78
3. **Ritmo** 83
   - Tem gente com fome 83
   - Estudo do texto 84
   - Produção de textos 85
4. **Poesia concreta** 91
   - Pássaro em vertical 91
   - Mar azul 92
   - Viva vida 92
   - Falta de sorte 92
   - Estudo do texto 92
   - Produção de textos 92
5. **Haicai** 97
   - Velhice 97
   - Esta vida é uma viagem 97
   - Sobressalto 97
   - Flores 97
   - Estudo do texto 98
   - Produção de textos 98

Bruno Badain/Manga Mecânica

PROJETO C

DA FALA PARA A ESCRITA 103

1. Diálogo na fala, na internet e na escrita 107
   - Diálogo na fala 107
   - Diálogo na internet 108
   - Diálogo na escrita 108
   - Relato do diálogo 108
   - Estudo do texto 109
   - Produção de textos 112
2. Diálogo nas redes sociais 121
   - Blog da Ritoca 121
   - Estudo do texto 124
   - Produção de textos 124
3. Diálogo na história em quadrinhos 127
   - Os bichos 127
   - Turma da Mônica 127
   - O reino de Sbrow 128
   - Estudo do texto 129
   - Produção de textos 134
4. Diálogo na narrativa 137
   - A raposa e o príncipe 137
   - Estudo do texto 139
   - Produção de textos 141
5. Diálogo na entrevista 149
   - "Garfield é um sucesso porque ele só come e dorme" 149
   - Estudo do texto 152
   - Produção de textos 156
6. Diálogo no teatro 161
   - A família e a festa na roça 162
   - Estudo do texto 164
   - Produção de textos 165
   - O melhor amigo 166

GUIA DE REVISÃO DE TEXTOS

1. Edição 177
2. Generalização 180
3. Particularização dos fatos 183
4. Língua falada × língua escrita 185
5. Coesão por referência 188
6. Coesão por substituição 191

Bruno Badain/Manga Mecânica

PROJETO A

NO MUNDO DA FICÇÃO

Objetivo

Neste projeto, você vai escrever, editar e publicar um livro de histórias.

Estratégias

Para isso, você conhecerá algumas perspectivas a partir das quais pode conhecer uma personagem, como características, ações, falas, sentimentos, pensamentos, conflitos.

Encerramento

Este projeto será encerrado com uma noite de autógrafos na qual serão apresentados para a comunidade escolar, familiares e amigos os livros criados por você e os colegas.

1. Criação da personagem
2. Critérios de seleção
3. Narrador
4. Narração e descrição
5. Simultaneidade
6. Conflito

1 CRIAÇÃO DA PERSONAGEM

Para construir uma narrativa, o autor precisa determinar uma série de elementos: enredo, espaço, tempo, personagens e tipo de narrador.

As personagens são os seres ficcionais em torno das quais a história vai se desenvolver.

Ao escrever uma narrativa, o narrador pode assumir o ponto de vista de uma personagem, tornando-se, assim, narrador-personagem, ou apenas narrar os fatos em 3ª pessoa, recebendo o nome de narrador-observador.

> O poeta é um fingidor.
> Finge tão completamente
> Que chega a fingir que é dor
> A dor que deveras sente.
>
> Fernando Pessoa, poeta.

> Só fingindo se tem a verdadeira emoção.
>
> Antunes Filho, diretor de teatro.

> Uma parte de mim é multidão
> Outra parte estranheza e solidão
> Uma parte de mim é permanente
> Outra parte se sabe de repente.
>
> Ferreira Gullar, poeta.

Leia os três textos a seguir, nos quais os autores assumiram o ponto de vista de um personagem.

TEXTO 1

O rei dos cacos

Quando saio por aí, com meu irmão, brincamos de tudo: subimos em todas as árvores, principalmente nas mangueiras, corremos atrás de todos os bichos, principalmente das galinhas, e apanhamos todas as frutas, principalmente as verdes. Mas existe uma brincadeira que é diferente de todas as outras, e é a melhor delas: andar dentro do córrego, pra baixo e pra cima. Minha mãe não gosta muito, nem minha avó, mas a gente anda assim mesmo. Meu pai nem vê, porque fica trabalhando o dia inteiro, tratando das vacas, correndo de jipe, tirando leite, passeando a cavalo, cuidando dos porcos. Ele só para depois do almoço, pra ler uns jornais ou um livro.

Enquanto isso, nós dois, eu e meu irmão, no córrego, andamos pra baixo e pra cima. Mas nós não brincamos disso só por causa da água. É que lá no fundo, brilhando, sempre tem uns pedaços de vidro. Minha mãe diz, e minha avó concorda com ela, que o nome certo é louça, e louça antiga, mas nós já estamos acostumados, meu irmão e eu, a dizer que são cacos de vidro. Eles são grandes, pequenos, quebrados, redondos, compridos, grossos, finos, de todo jeito. Às vezes são coloridos, às vezes são brancos. Quando são brancos nós jogamos fora. Que graça tem guardar um caco de vidro branco? Os mais bonitos são os que têm umas florzinhas ou umas listinhas. Minha mãe diz, e minha avó concorda com ela, que são pedaços de aparelhos de jantar, tudo louça antiga, dos antigos donos da fazenda, tudo do tempo dos escravos. Quando ela fala isso, eu fico pensando nos escravos deitados uns por cima dos outros, naqueles porões imensos que existem debaixo da casa. Toda vez que tenho que passar lá dentro, eu e meu irmão, eu me agarro nele, com medo de ver algum escravo me espiando, escondido por ali. Mas não falo nada, senão meu irmão vai dizer que menina é assim mesmo, tem medo de tudo, até das coisas que não existem.

No córrego, procurando os cacos de vidro, não tenho medo de nada. Nem de fazer as apostas que fazemos todos os dias: quem é que vai achar o mais bonito, o mais colorido, o maior, o mais antigo. Meu irmão, que é maior do que eu, sempre diz que achou o mais bonito, o mais colorido, o mais antigo. Para saber quem achou o maior, medimos os cacos. E às vezes eu acho.

No fim do dia, quando chega a hora de ir para dentro de casa, passamos, antes, numa casinha onde moram todos os cacos. Meu pai disse que lá, antigamente, era um tanque onde se fabricava polvilho, depois de colhida a mandioca. Esse tanque é grande, de cimento, e todo coberto de tábuas. Meu pai fez isso para nós, eu e meu irmão, senão os bichos entrariam lá dentro. Então todas as tardes, antes de irmos para casa, nós afastamos as tábuas, entramos dentro do tanque, e guardamos, em mesinhas feitas com pedacinhos de outras tábuas e tijolos, os cacos do dia. Quase todos estão lá. Falta um só, pequeno, branco, com listas cor-de-rosa que meu irmão insiste em dizer que são de outra cor. Esse ele guarda separado, dentro de uma caixinha pequena, que é guardada dentro de uma caixinha grande, junto com outras coisas só dele: pedrinhas, penas de passarinho, apitos, felipes de café, que são dois grãos de café juntos, pedacinhos de cuia com goma esticada que chamamos de viola, e caixas e mais caixas de fósforos. Meu irmão diz que foi ele quem achou o caco de vidro que é guardado separado. Mas é mentira dele, fui eu, e guardei na casinha do tanque, junto com os outros. Mas meu irmão é maior do que eu, foi lá e tirou. E guardou junto com as coisas só dele. E pôs nome dele: O rei dos cacos.

O rei dos cacos não pode ser visto a qualquer hora. Só em dias muito especiais, quando meu irmão resolve arrumar a caixinha grande cheia de coisas. Ele tira todas, uma por uma, posso ver tudo desde que não ponha a mão em nada, guarda de novo, fecha, pronto, acabou. Durmo pensando no rei dos cacos, e ele também.

No outro dia, vamos de novo, bem cedo, andar no córrego. De vez em quando pulamos de alegria dentro d'água quando achamos um caco igual a outros que já temos. Vamos correndo ver se encaixa no pedaço que está guardado dentro do tanque. O meu maior sonho na vida é achar a outra metade do rei dos cacos. E acho que é, também, o maior sonho do meu irmão.

Ricardo Ramos e outros. *Irmão mais velho, irmão mais novo*. São Paulo: Atual, 1992.

TEXTO 2

Minha infância foi alegre, no frescor da mata, tomando banho de sol bem gostoso e vivendo na umidade quente que os meus parentes me propiciavam. Depois fui crescendo, fui invadindo, por assim dizer, o espaço que sempre me pareceu talhadinho para mim. E fui sendo alegria para os outros.

Um dia soou um estranho barulho, provocado por seres agigantados que furaram a minha resistência. Tombei ao solo. Lágrimas vertiam do meu tronco. Sabe, deixei de ser um ser vivo. Mas tinha a esperança de que continuaria a ser feliz embalando uma criança, por exemplo. Então me deixei levar. Me cortaram, me afinaram. Me fizeram tudo que podiam fazer.

Ah! Como será essa criança que embalarei? Foram me transformando num caixote. Pensava: que berço estranho! Foram me pintando e me enfeitando de cetim. Fiquei curiosa. Colocaram-me de pé numa vitrine e logo me esconderam com cortina, porque as pessoas que passavam em frente à loja não gostavam de me ver. Não entendia o que acontecia.

Um dia me levaram em um carro especial para uma casa. Deitaram-me (finalmente) em cima de quatro pilares. Colocaram-me alguém para dormir. Fiquei feliz: podia agora embalar. Mas era um adulto. Que coisa estranha! Todos choravam e contavam piadas às escondidas. Falavam bem do sujeito, mas eu sentia que pensavam mal dele. E ele? Ele estava ali dormindo um sono de quem não volta mais.

Ele? Estranho. Só o corpo estava ali. Não pensava mais. Era como se o pensamento tivesse ido morar lá longe. Fiquei feliz, porque percebi que aquele pensamento estava longe dos outros pensamentos presentes na sala.

Agora veio confusão maior na minha mente. Por que guardar o sono daquele que já não dorme mais?

Glória Lúcia Perine (aluna), 16 anos.

TEXTO 3

Meu nome é João. Preto velho, como me conhecem nos pousos das estradas. Não sei a idade, não. Nem papel de cartório. Mãe disse que eu nasci em junho, dia do santo do meu nome. Mas faz muito tempo. A fazenda onde nasci mudou muitas vezes de dono. Nem sei... Muita confusão na cabeça do velho...

Para dizer a verdade, eu não moro; eu passo... Vivo passando por tudo que é caminho. O mundo é a minha casa.

Tropeiro desde criança. Antes, candeeiro de uma boiada luxenta. Andando sobre pedras, areias muito quentes, de pés no chão. Vem desde então esse mijação brabo que garroteia os dedos do pé.

Depois, compro um animal aqui, outro ali e virei tropeiro desse mundo de Deus. Preocupação, tenho algumas. Com o sol quente, moscas buscam a ferida do pé. Isso incomoda. Com o frio, doem os ossos. Dor muita. Amor, não sei não. Tive nunca.

Amigos, não tive. Felicidade, não sei o que é.

Ah! Deus eu conheço! É bom. Não faz perguntas nem põe os olhos no aleijão que carrego. O único amigo. Ajuda muito. Não atrapalha nunca.

Álvaro Batista Pontes (aluno), 15 anos.

Estudo do texto

No texto **1**, o autor assume o ponto de vista de uma personagem, uma menina que vive muitas aventuras, ao lado do irmão mais velho, na fazenda da família.

Nos textos **2** e **3**, os autores assumem personagens e escrevem como se fossem elas.

Com base na leitura dos textos, responda: os sentimentos, pensamentos e visões de mundo das personagens em relação à vida são iguais ou diferentes? Justifique sua resposta no caderno.

Produção de textos

Como nos três textos lidos, você vai escrever uma narrativa na qual vai assumir o lugar de uma personagem e expressar os sentimentos, os pensamentos e a visão de mundo dela.

Para isso, imagine que você é outra pessoa, de idade, sexo, profissão, atividades, fantasias, desejos, frustrações diferentes das suas.

Oferecemos, a seguir, sugestões de algumas personagens que você poderá assumir para criar seu texto.

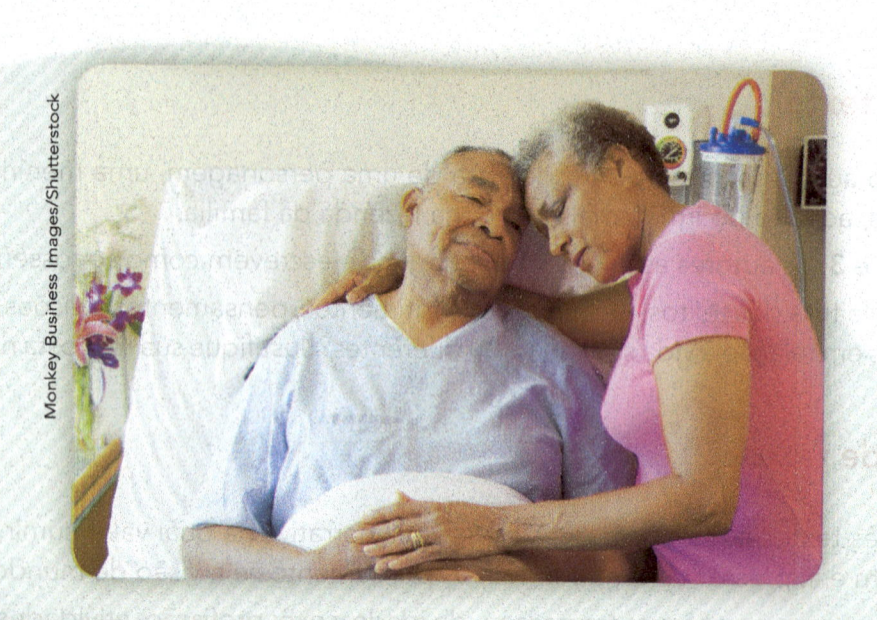

Monkey Business Images/Shutterstock

Boryana Manzurova/Shutterstock

Halfpoint/Shutterstock

Mladen Mitrinovic/Shutterstock

Quality Stock Arts/Shutterstock

Ficha 1 — CRIAÇÃO DA PERSONAGEM

Autor(a): _____ Data: ___/___/___

Planejamento

Escolha sua personagem. Aproxime-se dela. Entre nela. A partir deste momento, procure pensar e sentir como ela pensa e sente, ver o mundo, as coisas e as pessoas como ela vê, falar como ela fala. Coloque-se no lugar dela e responda para si mesmo às perguntas a seguir.

1. Onde você mora?
2. Com quem mora?
3. O que faz na vida?
4. Como você é?
5. O que mais o(a) preocupa na vida?
6. Você é feliz?
7. Do que tem medo?
8. Como foi sua infância?
9. Se pudesse, o que mudaria no mundo?
10. O que o(a) deixa triste?
11. O que o(a) deixa feliz?
12. Você tem amigos?
13. O que é o amor para você?

Agora, escreva seu texto como se fosse essa personagem.

Escrita

Neste momento do processo da escrita, escreva sem nenhuma censura. Escreva de preferência a lápis, sem parar. Se não souber como dar sequência, releia o que já escreveu.

_____
_____
_____
_____
_____
_____
_____
_____
_____

Oficina de escritores • 8º ano • Projeto A: No mundo da ficção

Revisão

A revisão é fundamental no processo de criação de um texto. É o momento em que o autor assume a postura de leitor crítico do próprio texto, alterando, substituindo ou eliminando palavras, expressões ou frases. Para uma revisão completa de seu texto, guie-se pelo **Roteiro de revisão** abaixo.

Roteiro de revisão	Avaliação do autor		Avaliação do leitor	
	SIM	NÃO	SIM	NÃO
Gênero textual				
1. São selecionados aspectos da vida da personagem que permitem ao leitor conhecê-la?				
2. A história é contada em 1ª pessoa?				
Coerência				
1. Os fatos relatados no texto estão dispostos numa sequência lógica e interligados a uma ideia central?				
Coesão				
1. São empregados recursos linguísticos que dão continuidade ao texto?				
2. As frases estão construídas com clareza e com vocabulário adequado?				
3. A linguagem está adequada à personagem?				
Adequação à norma-padrão				
1. O texto respeita as convenções da escrita (ortografia e acentuação) e as normas gramaticais (pontuação, concordância, regência, colocação)?				
Edição do texto				
1. O texto apresenta legibilidade, uniformidade de margens e ausência de rasuras?				

Comentários do leitor (colegas e/ou professor):

_____
_____
_____
_____
_____
_____
_____
_____

Autor(a): _____

Reescrita

Edição final

Prepare a edição de seu texto de acordo com o suporte no qual você vai publicá-lo: livro, mural, jornal, internet. Ilustre-o com fotos ou desenhos.

2 CRITÉRIOS DE SELEÇÃO

Ao escrever um texto, o autor seleciona alguns aspectos da realidade física e emocional que interessam à história, de acordo com alguns critérios.

Vamos conhecê-los e compor um texto selecionando aspectos da realidade relacionados a determinado objetivo.

Uma história apresenta a realidade filtrada pelo autor. Veja:

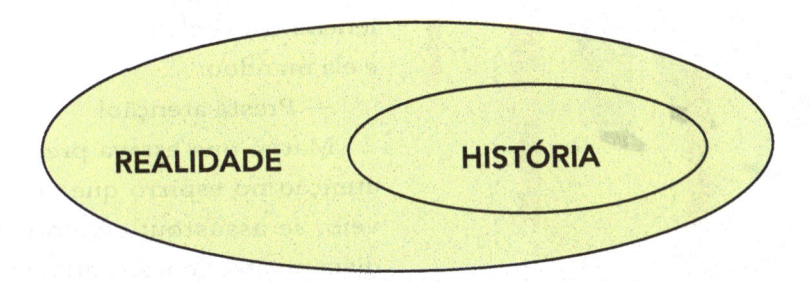

REALIDADE   HISTÓRIA

Ao ler uma história, temos, muitas vezes, a impressão de que aconteceram apenas os fatos apresentados.

Na verdade, entre inúmeros fatos e aspectos que compõem a realidade, o autor seleciona alguns mais significativos.

A partir da leitura e da análise do texto "Aula particular", apresentado a seguir, vamos identificar os critérios de seleção utilizados pelo autor na composição desse texto e como aplicá-los no processo de escrita.

Aula particular

A professora se chamava Dona Eunice, e foi só a Dona Eunice e Maria se sentarem pra dar aula que o cachorro se esparramou debaixo da mesa. Maria encolheu as pernas. Dona Eunice botou o pé em cima do cachorro. O cachorro suspirou. A aula começou.

— Maria, você está fraca em tudo que é matéria. Matemática então nem se fala. Vamos ficar só na Matemática hoje. — Abriu um livro.

O olho de Maria foi procurar o número da página, mas encontrou a mão de Dona Eunice no caminho. Dedo cheio de anel. E cada unha grande assim, pintada de vermelho escuro. A unha do dedo que aponta ficava puxando uma pelezinha que tinha do lado da unha do polegar. Puxava, puxava, puxava, às vezes doía e Dona Eunice gemia baixinho, distraída, ui. Lá pelas tantas, a mão de Dona Eunice apertou a mão de Maria.

— Quer fazer o favor de prestar atenção, Maria?

Ih! Será que ela tinha ficado muito tempo olhando pra unha de Dona Eunice?

— Vamos agora recapitular o que você aprendeu ontem: divisibilidade e fatoração. Vamos construir a... a... — A mão da Dona Eunice fez um gesto pra Maria esperar.

Maria olhou pra professora. Dona Eunice estava de testa franzida e olho fechado, esperando um espirro que vinha vindo, vinha vindo, vinha vindo, "é agora!", Dona Eunice pensou. Tirou correndo um lencinho do bolso, mas o espirro não veio, e ela mandou:

— Presta atenção!

Maria, que estava prestando a maior atenção no espirro que vinha e que não veio, se assustou: quando Dona Eunice dizia presta atenção batia na mesa e tudo quanto é pulseira escorregava pro pulso e batia também. Maria se endireitou na cadeira. O pé tocou no rabo do cachorro. Pronto! Ele se levantou num pulo, latindo — latindo. Mais que depressa, Maria encolheu a perna, o coração todo assustado.

Dona Eunice fez psiu. O cachorro deitou. A aula continuou.

Lygia Bojunga. *Corda bamba*. Rio de Janeiro: Casa Lygia Bojunga, 2003.

Estudo do texto

Aspectos selecionados

No texto "Aula particular", a autora selecionou um momento da vida de três personagens: a professora (Dona Eunice), a aluna (Maria) e o cachorro.

As personagens Dona Eunice e Maria:
a) possuem características que as individualizam;
b) realizam um conjunto de ações;
c) falam (Dona Eunice);
d) pensam;
e) sentem.

O cachorro também possui características próprias e realiza um conjunto de ações.

Para organizar o texto, o autor selecionou do conjunto de aspectos que compõem a realidade física e emocional dessas três personagens:

a) algumas **ações**:

> [...] se esparramou debaixo da mesa. (cachorro)
>
> [...] encolheu a perna [...] (Maria)
>
> [...] encontrou a mão de Dona Eunice no caminho. (Maria)
>
> Tirou correndo um lencinho do bolso [...] (Dona Eunice)

b) algumas **falas** (Dona Eunice):

> — Maria, você está fraca em tudo que é matéria.
>
> — Quer fazer o favor de prestar atenção, Maria?
>
> — Vamos agora recapitular o que você aprendeu ontem [...]
>
> — Presta atenção!

c) alguns aspectos do **mundo interior** (o que as personagens pensam e sentem):

> A unha do dedo que aponta ficava puxando uma pelezinha que tinha do lado da unha do polegar. Puxava, puxava, puxava, às vezes doía e Dona Eunice gemia baixinho, distraída, ui. (Dona Eunice)
>
> Ih! Será que ela tinha ficado muito tempo olhando pra unha de Dona Eunice? (Maria)
>
> [...] o coração todo assustado. (Maria)

d) algumas **características** da personagem (Dona Eunice):

> Dedo cheio de anel. E cada unha grande assim, pintada de vermelho escuro.
>
> Era alta e usava óculos [...].

Compare os textos a seguir.

TEXTO A

A professora se chamava Dona Eunice. Era alta e usava óculos. Dona Eunice estava em casa, quando ouviu o toque de uma campainha. A professora foi atender. Era uma menina chamada Maria. Vinha assistir a uma aula particular. A menina cumprimentou Dona Eunice e as duas foram para a mesa da sala. **E foi só Dona Eunice e Maria se sentarem pra dar aula que o cachorro se esparramou debaixo da mesa. Maria** viu o cachorro e **encolheu as pernas. Dona Eunice botou o pé em cima do cachorro.** Era um cachorro grande, de pelos pretos. **O cachorro suspirou. A aula começou.** Eram 10 horas da manhã. O sol penetrava pela janela.

TEXTO B

"A professora se chamava Dona Eunice, e foi só a Dona Eunice e Maria se sentarem pra dar aula que o cachorro se esparramou debaixo da mesa. Maria encolheu as pernas. Dona Eunice botou o pé em cima do cachorro. O cachorro suspirou. A aula começou."

(escrito por Lygia Bojunga)

Esses dois textos reproduzem uma mesma realidade. O texto **A** possui, no entanto, uma série de elementos que não aparecem no texto **B**.

Na leitura do texto "Aula particular", você deve ter percebido a presença de um fio condutor que dá unidade de sentido a ele: a desatenção da personagem Maria. Esse fio condutor constitui a ideia central do texto. Para ele convergem todos os elementos. Em função dessa ideia central é que foram selecionadas as ações, as falas, as características, os sentimentos, os pensamentos e os elementos do ambiente.

```
                    FIO CONDUTOR
      ações      →              ← falas
                                ← sentimentos
      características →
                                ← elementos do ambiente
      pensamentos →
```

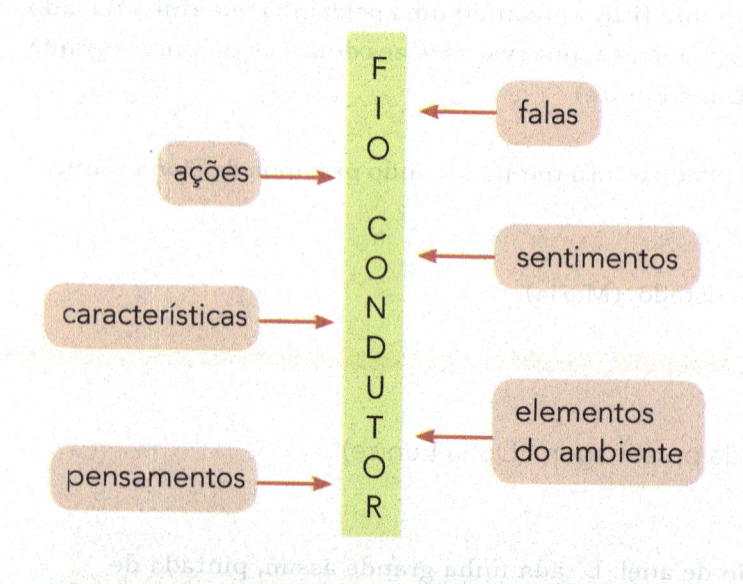

Objetivo do texto
(ideia central – desatenção da personagem Maria)

Além de nortear a seleção dos aspectos que compõem a realidade física e emocional das personagens, esse fio condutor é responsável pela coerência dos elementos presentes na história.

Produção de textos

Você observou que, quando se escreve, é importante ter um objetivo básico. Em função desse objetivo, são selecionados aspectos da realidade. Vamos aplicar isso.

Escreva uma história sobre uma destas situações:

1. O cotidiano no centro de uma cidade grande (movimento dos carros, correria das pessoas, gritos, atropelos etc.).

2. Uma discussão entre pessoas de uma família.

3. Uma partida de futebol (gritos, euforia, brigas, nervosismo etc.).

4. Uma festa ou um *show* (música, dança, falatórios, confusão etc.).

5. Dia de uma prova importante (tensão, nervosismo, medo etc.).

De acordo com a ideia básica a ser comunicada ao leitor, selecione aspectos do ambiente em que acontecem os fatos.

Para ajudá-lo na composição desse texto, oferecemos a seguir uma relação de palavras, extraídas da obra *Pequeno dicionário de ideias afins*, que significam ou sugerem agitação.

BARULHO

Substantivos: ruído, estrépito, bramido, grito, vozeirão, alvoroço, artilharia, motim, fragor, zunido, berreiro, algazarra, escarcéu, canhão, estrondo, estouro, frêmito, rugido, rebuliço, balbúrdia, trovão.

Verbos: repicar, rugir, trovejar, zunir, marulhar, bradar, tumultuar, berrar a valer, tinir, bramar, esbravejar, atordoar o ouvido.

Adjetivos: alto, poderoso, medonho, ruidoso, ensurdecedor, agudo, grande, forte, infernal, estrepitoso, penetrante, vociferante, sonoro, intenso, barulhento, potente, vibrante, desmedido.

AGITAÇÃO

Substantivos: rebuliço, fervura, perturbação, confusão, movimento, ebulição, tumulto, convulsão, saracoteio, zigue-zague, sururu, inquietação.

Verbos: ser agitado, estremecer, sapatear, agitar, brandir, vibrar, ziguezaguear, ferver, tremer, debater-se, perturbar-se, abalar.

Adjetivos: agitado, desordenado, trêmulo, inquieto, convulsivo, irregular.

MOVIMENTO

Substantivos: agitação, travessura, tropelia, vinda, vaivém, marcha, caminhada, trajeto, locomoção, inquietação, traquinice, deslocamento, curso, evolução, jornada, progressão, trajetória, trânsito, desassossego, traquinada, ida, carreira, passo, andar, percurso, velocidade, cadência.

Verbos: estar em movimento, mexer-se, dar sinal de vida, apressar-se, voar, remar, peregrinar, impulsionar, deslocar-se, agitar-se, locomover-se, mover-se, esvoaçar, correr, percorrer, mobilizar, remexer-se, movimentar-se, caminhar, transitar, pairar, divagar, acionar, imprimir movimento.

VIOLÊNCIA

Substantivos: brutalidade, inclemência, veemência, impetuosidade, fúria, força, poder, ímpeto, furor, loucura, braveza, desespero, cólera, fervor, turbulência, fragor, tumulto, confusão, algazarra, ferocidade, exacerbação, exacerbamento, irritação, insânia, exasperação, ultraje, choque, abalo, espasmo, convulsão, histerismo, tremor, paixão, acesso de fúria, inquietação, erupção, explosão, arrebentação, agitação.

Verbos: ser violento, tornar-se irado, quebrar a paz, precipitar-se, desvairar-se, investir, correr, desvairadamente, acometer, bramir, bramar, bradar, alterar-se, debater-se, agitar-se convulsivamente, vociferar, espernear, esbravejar, enfurecer-se, rugir como leão, derrubar, tornar-se impetuoso, revolver-se, estalar, desencadear, explodir, estourar, encolerizar-se, estrebuchar-se, assaltar.

Adjetivos: violento, agudo, afiado, penetrante, áspero, rude, cortante, arrogante, brusco, abrupto, impertinente, impetuoso, torrentoso, tormentoso, turbulento, irrequieto, desordenado, agitado, convulso, estrondoso, louco, raivoso, revolto, tumultuado, descabelado, bravio, tempestuoso, extravagante, encrespado, irado, enfurecido, endiabrado, sôfrego, indomável, desatinado, desvairado, bravo, incontrolável, implacável, selvagem, insano, desesperado, furioso, ruidoso, irritado, histérico, embravecido, agressivo, indomado.

SENTIMENTO

Substantivos: sofrimento, impressão, emoção, perturbação, calor, fervor, ímpeto, amor, fanatismo, enlevo, rubor, frêmito, sobressalto, tremor, tolerância, inspiração, sensação, ardor, veemência, cordialidade, arrebatamento, entusiasmo, sentimentalismo, arroubo, vergonha, abalo, agitação, palidez, simpatia, afeição, conturbação, fogo, força, animação, paixão, sinceridade de coração, êxtase, calafrio, choque, palpitação, semblante.

Verbos: sentir, gozar, alimentar, corresponder, curtir, inflamar-se, envergonhar-se, corar, hesitar, pulsar, ficar vermelho, sufocar-se, atormentar-se, conturbar-se, desnortear-se, perceber, sofrer, nutrir, vibrar, padecer, desafiar, abrasar-se, sensibilizar-se, ruborizar-se, ofegar, tremer, estremecer, bater o coração, afligir-se, excitar-se, experimentar, acariciar, encher-se de, deixar-se contaminar, suportar, resistir a, animar-se, impressionar-se, comover-se, arfar, ficar pálido, sobressaltar-se, ficar engasgado, enraivecer-se, consumir-se.

Hermínio Sargentim. *Pequeno dicionário de ideias afins*. São Paulo: Companhia Editora Nacional, 2008.

Ficha 2 — CRITÉRIOS DE SELEÇÃO

Autor(a): _____ Data: ___/___/___

Planejamento

Escolha uma das situações sugeridas na proposta e escreva sua história. Antes de começar a escrever, organize alguns dados.

1. Escolha a situação, o lugar e o momento em que acontecem os fatos.

_____
_____

2. Defina a ideia básica que sua história pretende comunicar.

_____
_____

3. Selecione aspectos relacionados à ideia básica.

_____
_____
_____
_____
_____
_____

Escrita

Ao escrever a história, procure apresentar aspectos particulares da personagem e do ambiente.

_____
_____
_____
_____
_____
_____
_____
_____

Oficina de escritores • 8º ano • Projeto A: No mundo da ficção

Revisão

Nesta etapa, você fará a revisão do seu texto com base nos itens do **Roteiro de revisão**. Releia-o como se estivesse lendo o texto de um colega.

Não tenha receio de substituir, retirar ou acrescentar palavras.

Às vezes, uma frase pode estar muito longa. Transforme-a em frases mais curtas.

Outras vezes, há passagens meio confusas. Dê nova redação à frase.

Após essa revisão cuidadosa, reescreva o texto já modificado nas páginas a seguir.

Roteiro de revisão	Avaliação do autor		Avaliação do leitor	
	SIM	NÃO	SIM	NÃO
Gênero textual				
1. Os aspectos selecionados do ambiente e da personagem estão ligados a uma ideia básica?				
2. O texto consegue criar uma realidade que permite ao leitor imaginá-la?				
Coerência				
1. Os fatos relatados no texto estão dispostos numa sequência lógica e interligados a uma ideia central?				
Coesão				
1. São empregados recursos linguísticos que dão continuidade ao texto?				
2. As frases estão construídas com clareza e com vocabulário adequado?				
Adequação à norma-padrão				
1. O texto respeita as convenções da escrita (ortografia e acentuação) e as normas gramaticais (pontuação, concordância, regência, colocação)?				
Edição do texto				
1. O texto apresenta legibilidade, uniformidade de margens e ausência de rasuras?				

Comentários do leitor (colegas e/ou professor):

_____
_____
_____
_____
_____
_____
_____

Autor(a): _____

Reescrita

Edição final

Com base nos comentários do leitor, prepare a edição de seu texto, numa folha avulsa ou no computador, para ser publicado em seu livro de histórias.

3 NARRADOR

O autor, diferente do narrador, é a pessoa real que inventa e escreve a história.

O narrador é criado pelo autor, e é ele quem conta a história. Ele pode fazer isso como narrador-observador ou narrador-personagem.

Dependendo da posição do narrador, os fatos terão diferentes versões.

Numa história, o mais importante não são os fatos, isto é, o que aconteceu, mas a versão dos fatos. Por isso, um elemento fundamental na composição de qualquer história é o narrador. De acordo com a posição dele (como narrador-personagem ou narrador-observador), a versão dos fatos será bem diferente.

Vamos ver como isso acontece lendo os textos a seguir.

TEXTO 1

Pechada

O apelido foi instantâneo. No primeiro dia de aula, o aluno novo já estava sendo chamado de "Gaúcho". Porque era gaúcho. Recém-chegado do Rio Grande do Sul, com um sotaque carregado.

— Aí, Gaúcho!

— Fala, Gaúcho!

Perguntaram para a professora por que o Gaúcho falava diferente. A professora explicou que cada região tinha seu idioma, mas que as diferenças não eram tão grandes assim. Afinal, todos falavam português. Variava a pronúncia, mas a língua era uma só. E os alunos não achavam formidável que num país do tamanho do Brasil todos falassem a mesma língua, só com pequenas variações?

— Mas o Gaúcho fala "tu"! — disse [...] Jorge, que era quem mais implicava com o novato.

— E fala certo — disse a professora. — Pode-se dizer "tu" e pode-se dizer "você". Os dois estão certos. Os dois são português.

[...] Jorge fez cara de quem não se entregara.

Um dia o Gaúcho chegou tarde na aula e explicou para a professora o que acontecera.

— O pai atravessou a sinaleira e pechou.

— O quê?

— O pai. Atravessou a sinaleira e pechou.

A professora sorriu. Depois achou que não era caso para sorrir. Afinal, o pai do menino atravessara uma sinaleira e pechara. Podia estar, naquele momento, em algum hospital. Gravemente pechado. Com pedaços de sinaleira sendo retirados do seu corpo.

— O que foi que ele disse, tia? — quis saber [...] Jorge.

— Que o pai dele atravessou uma sinaleira e pechou.

— E o que é isso?

— Gaúcho... Quer dizer, Rodrigo: explique para a classe o que aconteceu.

— Nós vinha...

— Nós vínhamos.

— Nós vínhamos de auto, o pai não viu a sinaleira fechada, passou no vermelho e deu uma pechada noutro auto.

A professora varreu a classe com seu sorriso. Estava claro o que acontecera? Ao mesmo tempo, procurava uma tradução para o relato do gaúcho. Não podia admitir que não o entendera. Não com [...] Jorge rindo daquele jeito.

"Sinaleira", obviamente, era sinal, semáforo. "Auto" era automóvel, carro. Mas "pechar" o que era? Bater, claro. Mas de onde viera aquela estranha palavra? Só muitos dias depois a professora descobriu que "pechar" vinha do espanhol e queria dizer bater com o peito, e até lá teve que se esforçar para convencer [...] Jorge de que era mesmo brasileiro o que falava o novato. Que já ganhara outro apelido: Pechada.

— Aí, Pechada!

— Fala, Pechada!

Luis Fernando Verissimo. *Nova Escola*, junho, 2004.
Disponível em: https://novaescola.org.br/conteudo/7417/edicao-23. Acesso em: 15 jun. 2020.

A ilha

Camilinho vivia desconfiado que a gente devia ter um lugar escondido, só nosso, e andava sempre atrás adulando, oferecendo brinquedo, me deu uma lente de óculo, tão forte que até acendia papel no sol. Às vezes me dava remorso de ver o bestinha brincando sozinho uns brinquedos sem graça de botar besouro pra carrear caixa de fósforo, fazer zorra – que nunca zoava, ajuntar folha de folhinha; mas quando falei pra Tenisão que a gente devia levar Camilinho ao menos uma vez pra ver os brinquedos da ilha, Tenisão deu na mala, disse que nem por um óculo, que ele era muito chorão, parecia moendas.

Acho que um dia Camilinho pombeou nós três e viu quando tiramos a jangada da moita e atravessamos para a ilha. Quando foi de noite, na porta da igreja, ele me perguntou onde a gente tinha ido na jangada, e outro dia na escola um tal Estogildo, menino muito entojado que vivia passando rasteira nos outros, disse que ele também ia fazer uma jangada pra passear longe no rio. Depois eu vi Camilinho muito entretido com uma garrucha – de taquara, dessas que jogam bucha de papel, uma mesma que eu tinha visto na mão de Estogildo. Eu não contei pra Tenisão pra ele não bater em Camilinho, porque de nós três ele era o que mais não gostava de Estogildo; mas aí eu principiei a desconfiar que o brinquedo da ilha ia acabar acabando.

E nem demorou muito, parece até que eles estavam só esperando uma vaza. Passamos uns dias sem ir lá porque Tenisão andou de dedo inchado com panariz, doía muito, foi preciso lancetar, e brinquedo sem ele desanimava. Nesses dias a gente ia pra beira do rio e ficava olhando a ilha. De longe ela parecia mais bonita, mais importante. Quando vimos o fumaceiro corremos lá eu e Cedil, Tenisão ainda não podia.

Estava tudo espandongado, a casa, a usina, os postes arrancados, o monjolinho revirado. Cedil chorava de soluço, corria pra cima e pra baixo mostrando os estragos, chamando a ruindade. Eu quase chorei também só de ver a tristeza dele. Para nós a ilha era brinquedo, pra ele era consolo.

José J. Veiga. *A ilha dos gatos pingados*. 6. ed. Rio de Janeiro: Civilização Brasileira, 1978.

Estudo do texto

Para contar uma história, o narrador pode assumir duas posições em relação aos fatos. Observe:

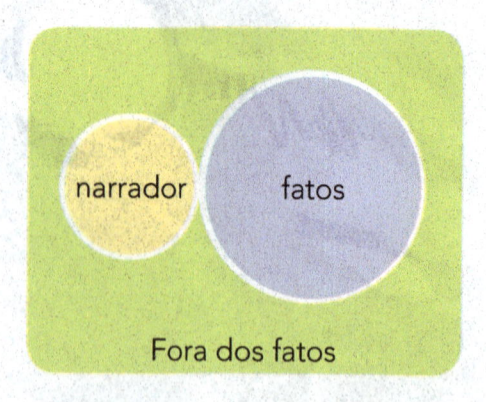

Fora dos fatos — narrador / fatos

Dentro dos fatos — fatos / narrador

Ao assumir a primeira posição – **fora dos fatos** –, o narrador é apenas um observador. Denomina-se **narrador-observador**. Nesse caso, ele fala das personagens e emprega, portanto, a **3ª pessoa**. Veja um exemplo do texto **1**.

> Perguntaram para a professora por que o Gaúcho falava diferente. A professora explicou que cada região tinha seu idioma, mas que as diferenças não eram tão grandes assim. Afinal, todos falavam português. Variava a pronúncia, mas a língua era uma só. E os alunos não achavam formidável que num país do tamanho do Brasil todos falassem a mesma língua, só com pequenas variações?

Ao assumir a segunda posição – **dentro dos fatos** –, o narrador torna-se uma personagem participante dos acontecimentos. Denomina-se **narrador-personagem**. Nesse caso, fala dele mesmo e emprega, portanto, a **1ª pessoa**. Observe um trecho do texto **2**.

> Depois eu vi Camilinho muito entretido com uma garrucha – de taquara, dessas que jogam bucha de papel, uma mesma que eu tinha visto na mão de Estogildo.

De acordo com o foco narrativo, não é somente a pessoa gramatical (1ª ou 3ª pessoa) que muda, mas, sobretudo, a visão dos fatos. O texto "A ilha", por exemplo, é narrado do ponto de vista de uma das personagens. Se os fatos fossem narrados por Camilinho, por outro garoto ou por um observador, com certeza a visão e o significado dos acontecimentos seriam bem diferentes. Conheceríamos, como leitores, outras sensações e teríamos outras informações a respeito do que aconteceu.

Produção de textos

Escolha uma das propostas a seguir e escreva sua história.

1. Um fato pode ser contado de diferentes formas, dependendo de quem o conta. No texto "A ilha", o narrador-personagem é um dos meninos que brincavam na ilha. Ele revela, sobretudo, a sua tristeza pela destruição dos brinquedos.

   Suponha que esse mesmo acontecimento tivesse sido contado por outro narrador-personagem: Camilinho. Mudaria o centro de interesse do texto, o objetivo. Haveria outros aspectos da história a serem explorados. Camilinho poderia contar se ele e seu amigo Estogildo foram mesmo os que destruíram os brinquedos, por que os destruíram e como planejaram essa ação, entre outras informações. Narre os fatos como se fosse Camilinho. Se quiser, invente outros fatos. No seu texto, relate o que você poderia saber e o que sentia.

2. Conte os fatos do texto "Pechada" mudando o narrador. Você pode contá-los do ponto de vista do menino gaúcho. Com base nos elementos oferecidos pelo texto, relate os sentimentos e as sensações da perspectiva dessa personagem.

3. Os fatos a seguir são narrados com base na visão de dois narradores-personagens distintos: Rosa e Leo. Narre esses mesmos fatos com base na visão de uma terceira personagem: Júlia.

Rosa

Na hora da saída, de pé na porta da escola, nosso grupo se reuniu para decidir onde nos encontraríamos para o trabalho.

— Que tal lá em casa hoje, às cinco da tarde? — sugeriu Leo.

Nós concordamos e ele ficou de passar o endereço por *e-mail*.

— Vamos pra casa juntos, Leo?

— Claro, Júlia.

Que óóódio dessa Júliaaaa!, berrei mentalmente.

— Quer ir andando com a gente, Rosa?

Ah, fala sério, garoto!, eu quase disse. Era só o que faltava eu ir de vela pro futuro casalzinho. Tudo bem que o Leo parecia querer se aproximar de mim nos últimos dias, mas me deixar de vela era uma crueldade. Um idiota, o Leo.

Bruno Badain/Manga Mecânica

Leo

Eu juro que me espantei comigo mesmo na hora em que chamei a Rosa pra ir com a gente. Sou assim, de repente. A Júlia [...] querendo ir comigo pra casa, e eu chamando a Rosa pra ir junto. Já estava imaginando a zoação dos caras: "Qual é, mermão? Ficou maluco?"

Era fato, eu queria me aproximar da Rosa. Não sei bem por quê, nem pra quê, já que a menina não me dava a menor trela, mas, por algum motivo que eu desconhecia, era bom estar perto dela. Queria que ela parasse de implicar comigo e passasse a ir mais com a minha cara. Pô, sempre fui gente boa, o que essa garota tem que não enxerga todo o meu carisma?, eu zoei em silêncio, antes de ouvir a resposta, que seria um balde de água fria se eu estivesse a fim dela.

Thalita Rebouças. *Ela disse, ele disse*.
Rio de Janeiro: Rocco, 2010.

Ficha 3

NARRADOR

Autor(a): _____ Data: ___/___/___

Planejamento

Antes de começar a escrever a história, defina os dados a seguir.

1. Narrador:
_____
_____

2. Personagens:
_____
_____

3. Problema vivido pela personagem principal:
_____
_____

4. Resumo dos fatos:
_____
_____
_____

Escrita

Na escrita dessa nova versão dos fatos, procure manter a coerência, de acordo com o ponto de vista do narrador. Lembre-se de que, numa história, o importante não são os fatos – o que aconteceu –, mas a versão dos fatos.

_____
_____
_____
_____
_____
_____
_____
_____
_____

Oficina de escritores • 8º ano • Projeto A: No mundo da ficção

Revisão

Na revisão do texto que você escreveu, verifique sobretudo a coerência da posição assumida pelo narrador. Ele só pode contar aquilo que, do ponto de vista dele, vê, observa e sente. Para os demais itens, oriente-se pelo **Roteiro de revisão** abaixo.

Roteiro de revisão	Avaliação do autor		Avaliação do leitor	
	SIM	NÃO	SIM	NÃO
Gênero textual				
1. O texto apresenta as características de um texto narrativo?				
2. A versão dos fatos está coerente com o ponto de vista do narrador?				
Coerência				
1. Os fatos selecionados no texto estão dispostos numa sequência lógica e interligados a uma ideia central?				
Coesão				
1. São empregados recursos linguísticos que dão continuidade ao texto?				
2. As frases estão construídas com clareza e com vocabulário adequado?				
Adequação à norma-padrão				
1. O texto respeita as convenções da escrita (ortografia e acentuação) e as normas gramaticais (pontuação, concordância, regência, colocação)?				
Edição do texto				
1. O texto apresenta legibilidade, uniformidade de margens e ausência de rasuras?				

Comentários do leitor (colegas e/ou professor):

_____
_____
_____
_____
_____
_____
_____
_____
_____
_____

Autor(a): _____

Reescrita

Edição final

Com base nos comentários do leitor, prepare a edição do texto para publicá-lo no seu livro de histórias.

4 NARRAÇÃO E DESCRIÇÃO

A narração e a descrição são dois processos de composição presentes no relato de uma narrativa.

Vamos conhecer, a partir de agora, as diferenças entre narração e descrição e empregar esses dois tipos de textos para contar uma história.

Pense numa batida de pênalti durante um jogo de futebol, com o estádio lotado de torcedores dos dois times.

Você poderá observar uma sequência de fatos:

> O juiz apita, o jogador corre para a bola, chuta...

Nessa sequência, você percebe que os fatos acontecem um depois do outro. São **progressivos**. Mas pode-se também observar tudo aquilo que acontece ao mesmo tempo. Veja:

> O silêncio no estádio...
> A apreensão dos torcedores...
> Os braços abertos do goleiro...
> Os olhos fixos do jogador na bola...
> etc.

Todos esses aspectos da realidade acontecem ao mesmo tempo. São **simultâneos**.

Projeto A • No mundo da ficção   39

Ao contar uma história, o narrador pode nos apresentar os aspectos progressivos e simultâneos da realidade.

É isso que vamos ver no texto a seguir.

Livre

Abri os olhos.
O sol quente batia em minha janela.
Os carros, os ônibus faziam arruaça.
Minhas pernas se estenderam ao máximo.
Estiquei os braços como quem
deseja alcançar o infinito.
A cama grande me permitia movimentos amplos.
O lençol me incomodava...
retirei-o.
O travesseiro me incomodava...
retirei-o.
A camisola me incomodava...
Estava livre.
Dona de todo o universo.
Não via ninguém, só ouvia ruídos que não me afligiam.
Era toda silêncio.
Era toda preguiça.
Era toda.

Fátima Rodrigues (aluna), 15 anos.

Estudo do texto

Ao contar uma história, o autor utiliza dois processos de composição: narração e descrição. Vamos conhecê-los.

Compare estes dois fragmentos do texto "Livre".

Fragmento 1

Abri os olhos.
[...]
Minhas pernas se estenderam ao máximo.
Estiquei os braços como quem
deseja alcançar o infinito.

Fragmento 2

O sol quente batia em minha janela.
Os carros, os ônibus faziam arruaça.
[...]
A cama grande me permitia movimentos amplos.

No fragmento **1**, o autor captou aspectos da realidade que acontecem um depois do outro. Eles ocorrem em uma sequência temporal, formando uma progressão. Essa forma de apresentar a realidade denomina-se **narração**.

Narração é o relato de uma progressão de fatos, dispostos em sequência temporal. Observe:

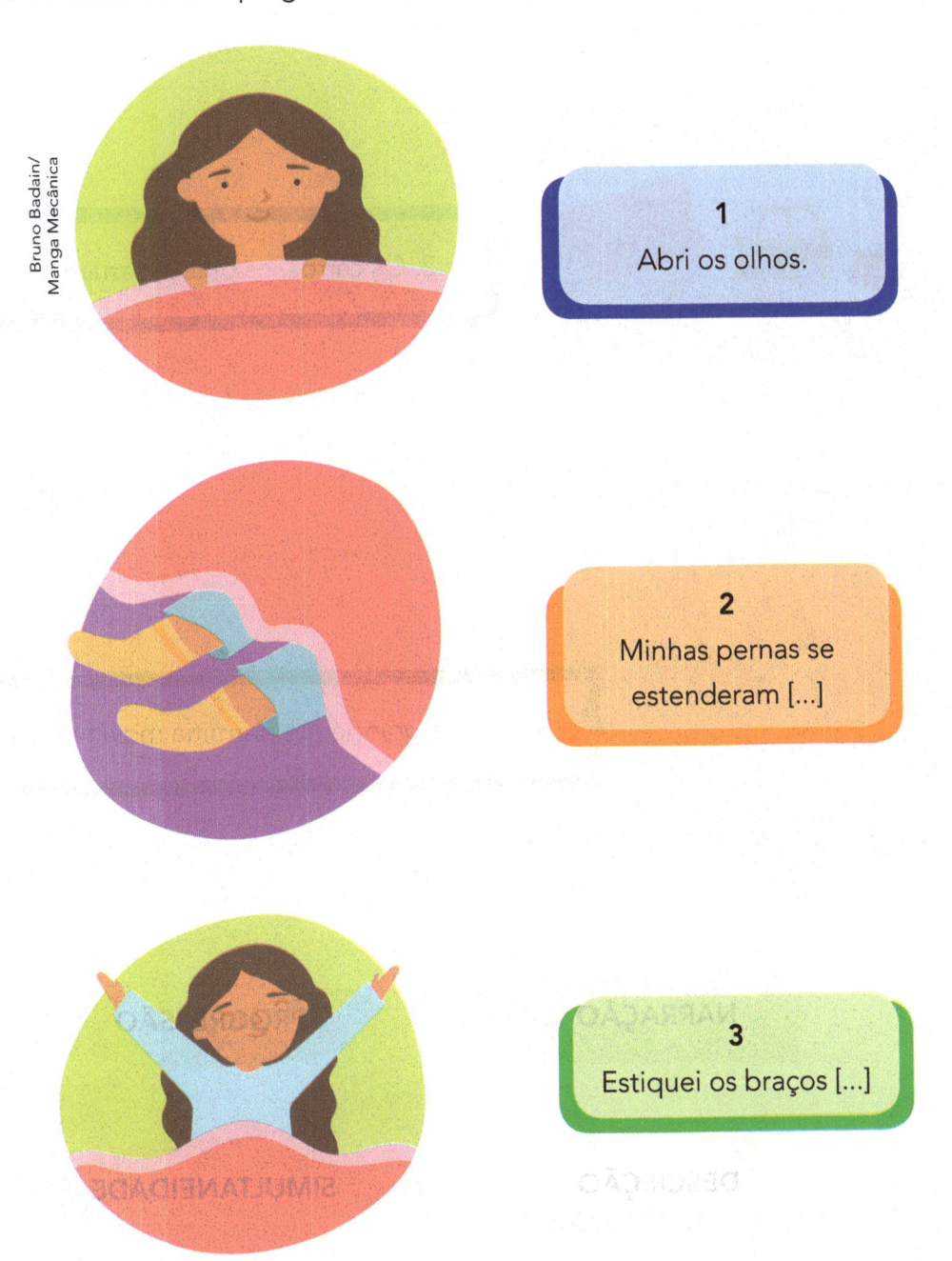

1
Abri os olhos.

2
Minhas pernas se estenderam [...]

3
Estiquei os braços [...]

No fragmento **2**, o autor capta aspectos da realidade que acontecem ao mesmo tempo, que são simultâneos. Essa forma de apresentar a realidade denomina-se **descrição**.

Descrição é a apresentação de aspectos simultâneos da realidade. Veja:

1. O sol quente batia em minha janela.

2. Os carros, os ônibus faziam arruaça.

3. A cama grande me permitia movimentos amplos.

NARRAÇÃO → PROGRESSÃO

DESCRIÇÃO → SIMULTANEIDADE

Produção de textos

1. Observe os textos a seguir. O texto **A** é narrativo, ou seja, os fatos acontecem um depois do outro. Já o texto **B** é descritivo, isto é, os aspectos da realidade são simultâneos.

TEXTO A

Narração: fatos progressivos

Marcelo aproxima-se do mar com uma pipa na mão.

De repente, Marcelo ouve um barulho atrás de si. Vira-se e depara com uma menina saindo do mar.

O menino joga a pipa no chão e olha, extasiado, para a menina.

— Uma *hippie* do mar — exclama, encantado.

A menina dirige-se para Marcelo e toma-lhe a mão. Para espanto do menino, diz para ele apenas uma palavra: AMOR.

TEXTO B

Descrição: aspectos simultâneos

A praia está deserta.

O sol vem rompendo devagarinho.

Uma menina bela mas estranha.

Ela traz na cabeça uma estrela de prata e o vestido é um espetáculo de cores: verde, azul, vermelho e amarelo.

Sobre o vestido, uma infinidade de colares feitos de conchas e algas.

O seu rosto brilha tanto quanto a estrela de prata que traz sobre a cabeça.

Maria Lúcia Amaral. *A menina Amor*. Rio de Janeiro: Memórias Futuras, 1995.

Junte os textos **A** e **B**. Depois, dê um título para o texto que você organizou.

2. Com base nos fatos apresentados nas imagens a seguir, escreva na ficha um texto mesclando trechos narrativos e descritivos.

Ficha 4 — NARRAÇÃO E DESCRIÇÃO

Autor(a): _____ Data: ___/___/___

Planejamento

1. Narração: conte os acontecimentos que se sucederam um após ou outro, progressivamente.

_____
_____
_____
_____
_____
_____
_____
_____
_____
_____
_____
_____

2. Descrição: escreva o maior número possível de aspectos simultâneos da realidade.

_____
_____
_____
_____
_____
_____
_____
_____
_____
_____
_____
_____
_____

Oficina de escritores • 8º ano • Projeto A: No mundo da ficção

Escrita

Intercale na sequência narrativa aspectos simultâneos que informem ao leitor sobre a personagem (como ela era, o que pensava, o que sentia) e sobre o ambiente (como era o lugar).

Revisão

Na revisão do seu texto, verifique se a presença dos aspectos simultâneos consegue envolver o leitor, permitindo-lhe "ver" na imaginação o que está acontecendo e, ao mesmo tempo, participar das sensações da personagem. Para os demais itens, guie-se pelo **Roteiro de revisão** abaixo.

Roteiro de revisão	Avaliação do autor		Avaliação do leitor	
	SIM	NÃO	SIM	NÃO
Gênero textual				
1. Na sequência narrativa, são intercalados elementos descritivos capazes de sugerir ao leitor como são a personagem e o ambiente?				
2. Existe uma progressão dos acontecimentos na sequência narrativa?				
Coerência				
1. Os fatos selecionados no texto estão dispostos numa sequência lógica e interligados a uma ideia central?				
Coesão				
1. São empregados recursos linguísticos que dão continuidade ao texto?				
2. As frases estão construídas com clareza e com vocabulário adequado?				
Adequação à norma-padrão				
1. O texto respeita as convenções da escrita (ortografia e acentuação) e as normas gramaticais (pontuação, concordância, regência, colocação)?				
Edição do texto				
1. O texto apresenta legibilidade, uniformidade de margens e ausência de rasuras?				

Comentários do leitor (colegas e/ou professor):
_____
_____
_____
_____
_____
_____
_____
_____
_____

Autor(a): _____

Oficina de escritores • 8º ano • Projeto A: No mundo da ficção

Reescrita

_____

Edição final

Prepare a edição do texto para publicá-lo em seu livro de histórias.

5 SIMULTANEIDADE

A realidade é múltipla. Escrever significa captar essa multiplicidade de aspectos que a compõem, o que permite não só penetrar na intimidade das coisas e das pessoas, mas também conhecê-las com mais intensidade.

Veja no texto a seguir a multiplicidade de acontecimentos simultâneos relatados pelo autor.

Canaã

Começara a queima. O fogo erguera-se e lambia num anseio satânico os troncos das árvores. Estas estremeciam num delicioso espasmo de dor. Toda a ramagem da base foi ardendo, e as parasitas como rastilho de pólvora levavam as chamas à copa, e a fumaça aumentando entupia as veredas e arremessava para a frente o bafo quente do fogo, que lhe seguia no encalço. Muitas árvores estavam contaminadas, ardiam como tochas monstruosas, e estendendo os braços umas às outras espalhavam por toda a parte a voragem do incêndio. O vento penetrava pelos claros abertos e esfuziava, atiçando as chamas. Pesados galhos de árvores que caíam, troncos verdes que estalavam, resinas que se derretiam estrepitosas, faziam a música desesperada de uma imensa e aterradora fuzilaria. [...] Pelos cimos da mata se escapavam aves espantadas, remontando às alturas num voo desesperado, pairando sobre o fumo. Uma araponga feria o ar com um grito metálico e cruciante. Os ninhos dependurados arderam, e um piar choroso entrou no coro como nota suave e triste. Pelas abertas do mato corriam os animais destocados pelo furor das chamas. Alguns libertavam-se do perigo, outros caíam inertes na fornalha.

Graça Aranha. *Canaã*. Brasília (DF): Editora UNB, 2014.

Estudo do texto

Ao apresentar um acontecimento – um incêndio na floresta –, o autor focalizou diferentes fatos simultâneos que compõem essa realidade:

> Começara a queima.

> O fogo erguera-se e lambia num anseio satânico os troncos das árvores.

> [...] a fumaça aumentando entupia as veredas e arremessava para a frente o bafo quente do fogo, que lhe seguia no encalço.

> Muitas árvores estavam contaminadas, ardiam como tochas monstruosas, e estendendo os braços umas às outras espalhavam por toda a parte a voragem do incêndio.

> O vento penetrava pelos claros abertos e esfuziava, atiçando as chamas.

> Pesados galhos de árvores que caíam, troncos verdes que estalavam, resinas que se derretiam estrepitosas, faziam a música desesperada de uma imensa e aterradora fuzilaria.

> Pelos cimos da mata se escapavam aves espantadas, remontando às alturas num voo desesperado, pairando sobre o fumo. Uma araponga feria o ar com um grito metálico e cruciante. Os ninhos dependurados arderam, e um piar choroso entrou no coro como nota suave e triste.

> Pelas abertas do mato corriam os animais destocados pelo furor das chamas. Alguns libertavam-se do perigo, outros caíam inertes na fornalha.

Esses fatos, por serem simultâneos, podem ser dispostos no texto em qualquer sequência, pois não há entre eles nexo temporal.

Observe uma das possibilidades de reordenar os fatos.

> Começara a queima. O fogo erguera-se e lambia num anseio satânico os troncos das árvores. Estas estremeciam num delicioso espasmo de dor. Toda a ramagem da base foi ardendo, e as parasitas como rastilho de pólvora levavam as chamas à copa, e a fumaça aumentando entupia as veredas e arremessava para a frente o bafo quente do fogo, que lhe seguia no encalço. Pelos cimos da mata se escapavam aves espantadas, remontando às alturas num voo desesperado, pairando sobre o fumo. Uma araponga feria o ar com um grito metálico e cruciante. Os ninhos dependurados arderam, e um piar choroso entrou no coro como nota suave e triste. Muitas árvores estavam contaminadas, ardiam como tochas monstruosas, e estendendo os braços umas às outras espalhavam por toda a parte a voragem do incêndio. Pelas abertas do mato corriam os animais destocados pelo furor das chamas. Alguns libertavam-se do perigo, outros caíam inertes na fornalha. O vento penetrava pelos claros abertos e esfuziava, atiçando as chamas. Pesados galhos de árvores que caíam, troncos verdes que estalavam, resinas que se derretiam estrepitosas, faziam a música desesperada de uma imensa e aterradora fuzilaria.

Produção de textos

Você vai encontrar, a seguir, sugestões de ambientes reais. Escreva um texto sobre um desses ambientes, apresentando aspectos particulares simultâneos. Procure se comportar como um fotógrafo: focalize um detalhe e escreva a frase. Empregue, de preferência, o verbo no presente do indicativo.

Ambientes

- Cidade num dia de chuva
- Praia
- Salão de baile
- Escola na hora do recreio
- Mata ao amanhecer
- Estádio (instante do gol numa partida de futebol)
- Feira livre
- Parque de diversões

Veja o exemplo a seguir.

1. Visão geral do ambiente: **feira livre**

2. Visão específica: aspectos particulares e simultâneos

Imagens: Ricardo Soares

Sacolas desfilam pelas vielas entupidas de gente.

Placas anunciam os preços dos produtos.

Flores se espalham nas bancas.

As mãos ágeis e o nariz atento avaliam a verdura.

O cheiro forte do tempero paralisa o ar.

Caixotes vazios entopem os fundos das barracas.

Um carrinho solitário espera sua dona e seus produtos.

Ficha 5

SIMULTANEIDADE

Autor(a): _____ Data: ___/___/___

Planejamento

Selecione um ambiente. Para cada detalhe desse ambiente, escreva uma frase. De preferência, use o verbo no presente do indicativo.

Ambiente	
Aspectos simultâneos	

Oficina de escritores • 8º ano • Projeto A: No mundo da ficção

Escrita

Com base nos aspectos simultâneos selecionados, escreva um texto descritivo. Não se preocupe com a sequência, pois todos os fatos acontecem ao mesmo tempo. Preocupe-se em apresentar aspectos particulares relacionados a uma impressão básica do ambiente.

Revisão

Na revisão, verifique se os aspectos simultâneos selecionados conseguem envolver o leitor, permitindo a ele "ver" e sentir o ambiente apresentado. Para os demais itens, guie-se pelo **Roteiro de revisão** abaixo.

Roteiro de revisão	Avaliação do autor		Avaliação do leitor	
	SIM	NÃO	SIM	NÃO
Gênero textual				
1. São selecionados fatos específicos e simultâneos que permitem ao leitor visualizar a cena apresentada?				
Coerência				
1. Os fatos e aspectos selecionados estão interligados a uma ideia central?				
Coesão				
1. São empregados recursos linguísticos que dão continuidade ao texto?				
2. As frases estão construídas com clareza e com vocabulário adequado?				
Adequação à norma-padrão				
1. O texto respeita as convenções da escrita (ortografia e acentuação) e as normas gramaticais (pontuação, concordância, regência, colocação)?				
Edição do texto				
1. O texto apresenta legibilidade, uniformidade de margens e ausência de rasuras?				

Comentários do leitor (colegas e/ou professor):

_____
_____
_____
_____
_____
_____
_____
_____
_____
_____

Autor(a): _____

Reescrita

Edição final

Com base nos comentários do leitor, edite seu texto para ser publicado no seu livro de histórias.

6 CONFLITO

Na vida real, precisamos enfrentar problemas — grandes ou pequenos — todos os dias. Na ficção, isso também acontece, com a diferença de que a personagem principal costuma enfrentar um único problema, que se torna centro da sua existência. Esse problema vivenciado por ela recebe o nome de **conflito**.

Numa história, o conflito é gerado pela presença de uma força contrária que impede a personagem principal de realizar seus desejos. Essa força contrária pode se manifestar por meio de uma personagem antagonista (*anto* = contra; *gonia* = ação) que se opõe à personagem principal, denominada protagonista (*proto* = primeiro; *gonia* = ação).

O conflito constitui a espinha dorsal de uma história, cujo final será feliz se o protagonista vencer o antagonista, ou trágico, se ocorrer o inverso.

Veja como isso acontece no texto a seguir.

Caso de canário

Casara-se havia duas semanas. E por isso, em casa dos sogros, a família resolveu que ele é que daria cabo do canário:

— Você compreende. Nenhum de nós teria coragem de sacrificar o pobrezinho, que nos deu tanta alegria. Todos somos muito ligados a ele, seria uma barbaridade. Você é diferente, ainda não teve tempo de afeiçoar-se ao bichinho. Vai ver que nem reparou nele, durante o noivado.

— Mas eu também tenho coração, ora essa. Como é que vou matar um pássaro só porque o conheço há menos tempo do que vocês?

— Porque não tem cura, o médico já disse. Pensa que não tentamos tudo? É para ele não sofrer mais e não aumentar o nosso sofrimento. Seja bom; vá.

O sogro, a sogra apelaram no mesmo tom. Os olhos claros de sua mulher pediram-lhe com doçura:

— Vai, meu bem. Com repugnância pela obra de misericórdia que ia praticar, ele aproximou-se da gaiola. O canário nem sequer abriu o olho. Jazia a um canto, arrepiado, morto vivo. É, esse está mesmo na última lona, e dói ver a lenta agonia de um ser tão gracioso, que viveu para cantar.

— Primeiro me tragam um vidro de éter e algodão. Assim ele não sentirá o horror da coisa. Embebeu de éter a bolinha de algodão, tirou o canário para fora com infinita delicadeza, aconchegou-o na palma da mão esquerda e, olhando para outro lado, aplicou-lhe a bolinha no bico. Sempre sem olhar para a vítima, deu-lhe uma torcida rápida e leve, com dois dedos, no pescoço.

E saiu para a rua, pequenino por dentro, angustiado, achando a condição humana uma droga. As pessoas da casa não quiseram aproximar-se do cadáver. Coube à cozinheira recolher a gaiola, para que sua vista não despertasse saudade e remorso em ninguém. Não havendo jardim para sepultar o corpo, depositou-o na lata de lixo.

Chegou a hora de jantar, mas quem é que tinha fome naquela casa enlutada? O sacrificador, esse, ficara rodando por aí, e seu desejo seria não voltar para casa nem para dentro de si mesmo.

No dia seguinte, pela manhã, a cozinheira foi ajeitar a lata de lixo para o caminhão, e recebeu uma bicada voraz no dedo.

— Ui!

Não é que o canário tinha ressuscitado, perdão, reluzia vivinho da silva, com uma fome danada?

— Ele estava precisando mesmo era de éter — concluiu o estrangulador, que se sentiu ressuscitar, por sua vez.

ANDRADE, Carlos Drummond de. *70 historinhas*.
São Paulo: Companhia das Letras, 2016.

Estudo do texto

No texto "Caso de canário", a trama da história se desenrola em torno do conflito vivido pela personagem que deveria dar cabo do passarinho que estava doente. Veja:

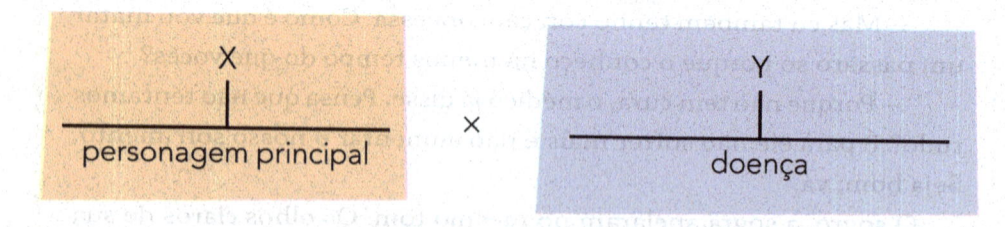

X personagem principal × Y doença

Esse antagonismo é representado na história pela morte. Observe:

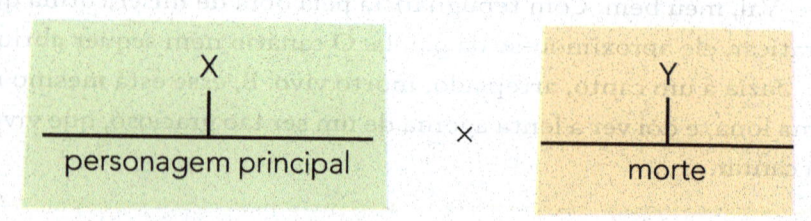

X personagem principal × Y morte

Temos, nessa história, um formato de enredo bastante conhecido. Veja.

A quer **B** mas **C** impede que **A** realize seu intento.

Protagonista   Antagonista

Veja que **A** é o personagem principal, também conhecido por protagonista, que deseja **B**, a vida do canário, e tenta evitar **C**, que é representado pela morte. As ações, as falas, os sentimentos e outros aspectos relativos ao protagonista foram selecionados em razão desse conflito. Observe, a seguir, o conflito estabelecido entre ação e fala.

1. **Ação**:

> Sempre sem olhar para a vítima, deu-lhe uma torcida rápida e leve, como dois dedos, no pescoço.

2. **Fala**:

> Mas eu também tenho coração, ora essa. Como é que vou matar um pássaro só porque o conheço há menos tempo do que vocês?

3. **Estado/Características**:

> Jazia a um canto, arrepiado, morto vivo. É, esse está mesmo na última lona, e dói ver a lenta agonia de um ser tão gracioso, que viveu para cantar.

4. **Sentimentos** e **pensamentos**:

> E saiu para a rua, pequenino por dentro, angustiado, achando a condição humana uma droga.

5. **Ambiente**:

> Casara-se havia duas semanas. E por isso, em casa dos sogros, a família resolveu que ele é que daria cabo do canário:

Produção de textos

1. Escreva no caderno uma história na qual a personagem principal viva intensamente um dos seguintes conflitos:
   a) Expectativa de uma prova.
   b) Desentendimento com o pai ou a mãe.
   c) Viagem frustrada.
   d) Perda do emprego.
   e) Sentimento de rejeição pelo grupo.
   f) Fim de um relacionamento.

2. Observe atentamente as fotos. Imagine um conflito que estas pessoas possam estar vivendo. Com base no que imaginou, construa uma história.

Ficha 6 — CONFLITO

Autor(a): _____ Data: ___/___/___

Planejamento

Antes de começar a escrever o texto, faça um esboço da personagem, selecionando aspectos a ela relacionados com base no conflito.

1. Personagem:

a) Nome: _____

b) Idade: _____

c) Onde mora: _____

d) Com quem mora: _____
_____

e) Principais características: _____
_____

f) Conflito: _____
_____
_____

2. Escolha a posição da qual você contará a história: narrador-observador ou narrador-personagem.
_____

3. Faça um roteiro da história que vai contar.
_____
_____
_____
_____
_____
_____
_____
_____
_____
_____
_____

Oficina de escritores • 8º ano • Projeto A: No mundo da ficção

Escrita

Comece a história focalizando a personagem em pleno conflito. Não se preocupe em contar tudo para o leitor. Apresente detalhes que possam sugerir como a história se desenrola e como termina. Deixe que a imaginação dele construa o final da história.

Revisão

Ao fazer a revisão do texto, observe, sobretudo, a unidade temática e a coerência: todos os aspectos relacionados à personagem (ações, falas, características, sentimentos, pensamentos e ambiente) devem estar relacionados ao conflito. Para os demais itens, guie-se pelo **Roteiro de revisão** abaixo.

Roteiro de revisão	Avaliação do autor		Avaliação do leitor	
	SIM	NÃO	SIM	NÃO
Gênero textual				
1. Os elementos da narrativa (ações, falas, características físicas e psicológicas, ambiente) estão relacionados ao conflito vivido pela personagem?				
Coerência				
1. Os fatos do texto estão dispostos numa sequência lógica e interligados a uma ideia central?				
Coesão				
1. São empregados recursos linguísticos que dão continuidade ao texto?				
2. As frases estão construídas com clareza e com vocabulário adequado?				
Adequação à norma-padrão				
1. O texto respeita as convenções da escrita (ortografia e acentuação) e as normas gramaticais (pontuação, concordância, regência, colocação)?				
Edição do texto				
1. O texto apresenta legibilidade, uniformidade de margens e ausência de rasuras?				

Comentários do leitor (colegas e/ou professor):

_____
_____
_____
_____
_____
_____
_____
_____
_____

Autor(a): _____

Reescrita

Edição final

Com base nos comentários do leitor, edite seu texto para ser publicado no seu livro de histórias.

PROJETO B

ATELIÊ DA POESIA

Objetivos

Neste projeto, você e seus colegas produzirão um mural de poemas que serão apresentados em um sarau para a comunidade escolar, familiares e amigos. Além disso, você reunirá seus poemas em um livro, que poderá ser guardado como recordação deste projeto.

Estratégias

Para isso, vocês lerão vários poemas e conhecerão os principais elementos de composição desse gênero. Com base nesses elementos, criarão poemas que serão apresentados em um sarau e depois reunidos em livros individuais.

Encerramento

Você e seus colegas vão preparar um sarau literário para a comunidade escolar, familiares e amigos.

1. Poesia na vida
2. Linguagem poética
3. Ritmo
4. Poesia concreta
5. Haicai

1 POESIA NA VIDA

A poesia expressa:
- nossa dor
- nosso prazer
- nosso sonho
- nosso medo
- nossa saudade
- nossas alegrias e tristezas

As páginas a seguir mostram isso.

PRA CADA GOTA DE INTOLERÂNCIA UM BALDE DE POESIA...

MMXVIII
D.

Poesia em muro da cidade de Piracicaba (SP).

Leia o texto a seguir, que conta uma interessante iniciativa de alguns escritores do Acre.

Projeto idealizado por escritores transforma muro de escolas no Acre em espaços para poesias

O espaço em branco deu lugar a janelas pintadas com letras de poemas de artistas do Acre. Este é um projeto dos escritores acreanos que entraram em contato com escolas na capital acreana para implantar a atividade e incentivar, assim, o gosto pela poesia e leitura. [...]

A escola é um espaço de aprendizagem e produção de conhecimento. Com o projeto "Poesias nos Muros", arte e conhecimento ultrapassaram os limites do concreto e deram asas à imaginação.

"A ideia surgiu pela necessidade de expandir os trabalhos dos escritores acreanos para que a população possa ter um acesso de maneira mais prática fora das páginas dos livros e, ao mesmo tempo, conseguir dinamizar os muros das escolas públicas", explica o escritor Jackson Viana.

O objetivo, segundo o professor Rogério Maia, é despertar o interesse dos alunos pela leitura. "Desperta neles o interesse, se torna mais próximo dele e consegue criar com mais facilidade. Eles veem que é possível fazer poesia", explica.

E o projeto tem surtido efeito entre os alunos. Irvay Martins, de 10 anos, revela que se sente inspirado com a nova cara dada ao muro da escola.

"A parede era só tudo branco, não tinha nada. Quando vi as poesias, fiquei impressionado. É uma coisa muito boa que a gente precisa ter para aprender mais sobre a poesia, viver e aproveitar os momentos da vida", diz.

Para Débora Paola, de 10 anos, já amante da poesia, ter a literatura tão próxima dos alunos acaba incentivando ainda mais a leitura e criação de textos.

"Eu acho lindo a gente tá passando e dar de cara com o que a gente mais gosta. Então, é muito bonito. Achei muito inspirador e pra gente isso é muito importante. Pra mim, que componho poemas, achei muito bonito e é uma forma de agradecer os outros que colocam poemas na nossa vida, que poetas são como passarinhos na imensidão, que levam poemas para o mundo, para nos acalmar e expressar o que estão sentindo", diz.

[...]

Tálita Sábrina. Jornal do Acre, 1º dez. 2019. *G1*. Disponível em: https://g1.globo.com/ac/acre/noticia/2019/12/01/no-ac-escola-usa-muro-em-branco-para-pintar-poesias-e-incentivar-leitura-entre-alunos.ghtml. Acesso em: 10 maio 2020.

Poetas que participam do projeto "Poesias nos Muros" tiraram seus poemas dos livros e os espalharam pelos muros das escolas públicas do Acre. Assim, a poesia passou a ser mais acessível aos alunos dessas escolas e às pessoas que passam por elas no dia a dia.

Mesmo sem perceber, convivemos com a poesia desde a infância e a encontramos em diferentes lugares. A poesia está:

a) Nas brincadeiras

Ciranda, cirandinha

Ciranda, cirandinha,
Vamos todos cirandar,
Vamos dar a meia-volta,
Volta e meia vamos dar.

O anel que tu me deste
Era vidro e se quebrou.
O amor que tu me tinhas
Era pouco e se acabou.

Por isso, dona (fulana)
Entre dentro desta roda.
Diga um verso bem bonito,
Diga adeus e vá-se embora.

Domínio público.

b) Nos para-choques dos caminhões

Amor não se conjuga no passado;
ou se ama para sempre,
ou nunca se amou verdadeiramente.

c) Nas letras de música

Trem-bala

Não é sobre ter todas as pessoas do mundo pra si
É sobre saber que em algum lugar alguém zela por ti
É sobre cantar e poder escutar mais do que a própria voz
É sobre dançar na chuva de vida que cai sobre nós

É saber se sentir infinito
Num universo tão vasto e bonito, é saber sonhar
Então fazer valer a pena
Cada verso daquele poema sobre acreditar

Não é sobre chegar no topo do mundo e saber que venceu
É sobre escalar e sentir que o caminho te fortaleceu
É sobre ser abrigo e também ter morada em outros corações
E assim ter amigos contigo em todas as situações
[...]

Ana Vilela. *Trem bala. Download* digital, *streaming*, 2017.

d) Nas cartas

régis meu e meu régis

tudo de vento em popa
nesta cidade simbolista
quieta
caipira
metrópole tímida
terra de bares e longas encucações
fria
com poentes longos como agonias
não brasileira
de gente que não é pobre nem rica
média
mediana
medíocre

muita saudade de você
q passou aqui como um borrão dourado
reflexo na noite
uma presença boa

[...]

me fale
me escreva
me ame

              do teu
                Leminski

Paulo Leminski. *Uma carta uma brasa através*.
São Paulo: Iluminuras, 1992.

e) Nas preces

Deus, sois o meu Deus
Desde o raiar da aurora a Vós procuro:
De Vós tem sede a minha alma,
Por Vós desfalece a minha carne,
Como a terra árida, esgotada e sem água,
Assim Vos contemplo no lugar santo,
Para ver o vosso poder e a vossa glória,
Porque melhor que a vida é a vossa graça;
Meus lábios hão de louvar-Vos.

Livro dos Salmos, 62. I *Bíblia Sagrada*. 3. ed. São Paulo:
Paulinas, 1957.

f) Nas falas de todo dia, para exprimir nossa emoção

> "[...] poetas são como passarinhos na imensidão, que levam poemas para o mundo, para nos acalmar e expressar o que estão sentindo."
> Débora Paola, 10 anos, ao falar do Projeto "Poesias nos Muros", no Acre.
>
> Tálita Sábrina. Jornal do Acre, 1º dez. 2019. *G1*. Disponível em: https://g1.globo.com/ac/acre/noticia/2019/12/01/no-ac-escola-usa-muro-em-branco-para-pintar-poesias-e-incentivar-leitura-entre-alunos.ghtml. Acesso em: 10 maio 2020.

g) Nas propagandas

Começa com alô
e termina com tchau.
Mas o durante, pô!,
é que é fundamental.

Às vezes – trim –, é engano.
Às vezes – trim –, é trote.
Secretária eletrônica:
total falta de sorte.

Linha cruzada é o fim,
que confusão danada.
Telefone ocupado
é ligação frustrada.

Celular é mania?
Coisa de patricinha?
Falando cá entre nós,
maravilha é esta voz.

Um belo namorado
do outro lado da linha.
Horas e horas com ele
mesmo estando sozinha.

Vivo dependurada.
A família reclama.
Fico toda ligada
assim que saio da cama.

Adoro esse aparelho.
Detesto a telefônica.
A conta – pro vermelho
e eu – roxamente afônica.

Em silêncio, tão igual.
Mas quando toca, uau!
É um cântico do céu.
Fabuloso Graham Bell!

Propaganda das sandálias Melissa. *Folha de S.Paulo*. São Paulo, 10 nov. 1997.

h) Nas declarações de amor

Declaração

Da série Poesia numa hora destas?!

Tentei dizer quanto te amava, aquela vez, baixinho
mas havia um grande berreiro, um enorme burburinho
e, pensando bem, um berçário não é o melhor lugar.
Nós dois de fraldas, lado a lado
cada um recém-chegado.
Você sem poder ouvir, eu sem saber falar.

Tentei de novo, lembro bem, na escola.
Com um PS num pedido de cola
interceptado pela professora feito gavião.
Eu fui parar na diretoria
enquanto você, desalmada, ria
– curta é a vida, longa é a paixão.

Numa festinha, ah suas festinhas, disse tudo:
"Te adoro, te venero, na tua frente fico mudo."
E você tomando goles de um silencioso Hi-Fi.
Só mais tarde eu atinei:
cheio de cuba e amor, me enganei.
Tinha dito tudo para o senhor seu pai.

Gravei, em vinte árvores, quarenta corações.
O teu nome e o meu, flechas, palpitações.
No mal me quer, bem-me-quer, dizimei jardins.
Resultado: sou pessoa pouco grata
corrido aos gritos de "Mata"!
por ambientalistas e afins.

Recorri, desesperado, a um gesto obsoleto:
"Se não me seguram faço um soneto!"
E não é que fiz, e até com boas rimas?
Mas você nem ficou sabendo.
Ele continua inédito, por você plangendo
– mas fui premiado num concurso em Minas.

Comecei a escrever, com pincel e piche
em muros brancos, o asseio que se lixe
todo o meu amor para a sua ciência.
Fui preso aos socos e fichado.
Dias e mais dias interrogado.
Era PC, PC do B ou outra dissidência?

Te escrevi com lágrimas, suor e mel
(você devia ver o estado do papel)
uma carta longa, linda e passional.
Como resposta nem uma cartinha.
Nem um cartão, nem uma linha!
Vá se confiar no Correio nacional...

Projeto B • Ateliê da poesia

Com uma serenata, sim, uma serenata
como as do tempo da "Cabocla ingrata"
me declararia, respeitando a métrica.
Ardor, tenor, calçada enluarada
havia tudo sob a sua sacada
menos tomada pra guitarra elétrica.

Decidi, então, botar a maior banca e
escrever no céu com fumaça branca:
"Te amo, assinado..." e meu nome bem legível.
Já tinha avião, coragem, brevê
tudo para impressionar você...
Veio a crise do petróleo e faltou o combustível.

Ontem, finalmente cheguei ao seu ouvido
e, na discoteca, em meio ao alarido
despejei o meu pobre coração.
Falei da devoção há anos entalada
e você disse "Com essa música, não escuto nada!"
Curta é a vida, longa é a paixão.

Na velhice, num asilo, lado a lado
em meio a um silêncio abençoado
te direi tudo o que eu queria, meu bem.
Meu único medo é que então
empinando a orelha com a mão
você me responda... "Hein?"

Luis Fernando Verissimo. *Poesia numa hora dessas?!*
Rio de Janeiro: Objetiva, 2002.

Produção de textos

Faça como os poetas do projeto "Poesias nos Muros": tire os poemas dos livros e espalhe-os pelas paredes de sua escola, pelos muros da cidade. Leia, recorte, copie e crie poemas que expressem:

dor   sonho   amor   medo   alegrias

ou outros sentimentos que existem em cada ser humano. Ao falar desses sentimentos, o ser humano toma consciência de suas emoções, o que lhe possibilita transformar a si mesmo e ao mundo que o rodeia.

Ficha 1 — POESIA NA VIDA

Autor(a): _____ Data: ___/___/___

Pesquisa

Pesquise e transcreva para estas páginas a poesia que está nas canções infantis, nas declarações de amor, nas letras de música, nas propagandas, nos livros, nas dedicatórias, na dor da despedida, na ausência do ser amado...

A poesia está em todos os lugares

Oficina de escritores • 8º ano • Projeto B: Ateliê da poesia

A poesia está em todos os lugares

A poesia está em todos os lugares

Autor(a):

A poesia está em todos os lugares

2 LINGUAGEM POÉTICA

A poesia tem certo ar enigmático.

O leitor tem que desvendar o significado que as palavras assumem no contexto para chegar à significação do texto.

Não se pode, portanto, ler um poema com a mesma postura com que se lê uma notícia de jornal ou um artigo científico.

O poeta despe as palavras de sua lógica natural e cria um novo sentido dentro do texto.

Ler um poema é desvendar o significado que as palavras adquirem nessa nova lógica criada pelo poeta.

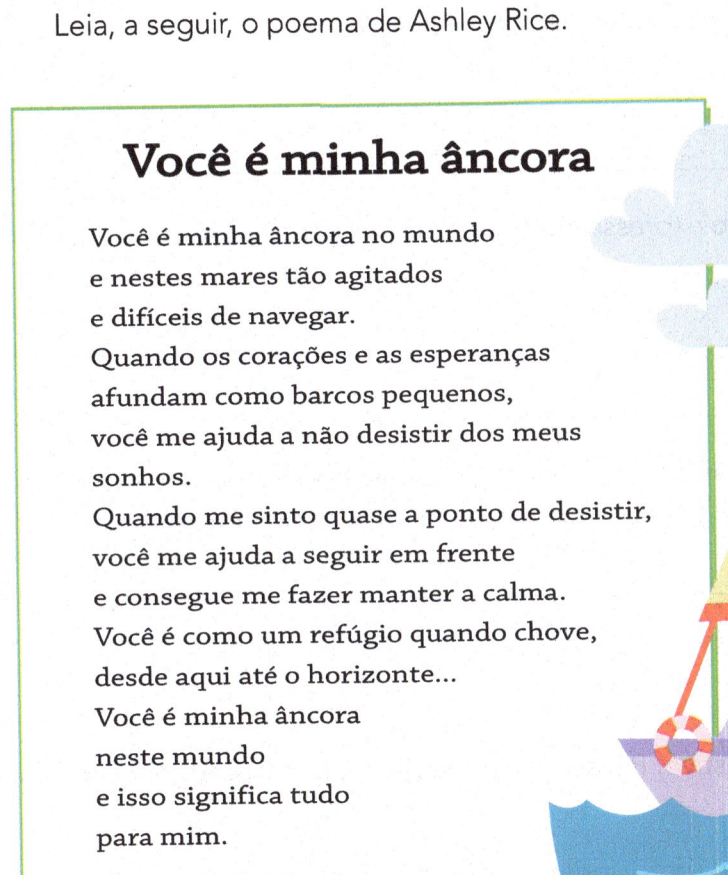

Leia, a seguir, o poema de Ashley Rice.

Você é minha âncora

Você é minha âncora no mundo
e nestes mares tão agitados
e difíceis de navegar.
Quando os corações e as esperanças
afundam como barcos pequenos,
você me ajuda a não desistir dos meus
sonhos.
Quando me sinto quase a ponto de desistir,
você me ajuda a seguir em frente
e consegue me fazer manter a calma.
Você é como um refúgio quando chove,
desde aqui até o horizonte...
Você é minha âncora
neste mundo
e isso significa tudo
para mim.

Ashley Rice. *Só para amigas*.
São Paulo: Vergara & Riba, 2004.

Projeto B • Ateliê da poesia

Estudo do texto

Uma das características da linguagem poética é a variedade de significações que uma palavra pode ter. A palavra pode perder seu significado básico e adquirir, de acordo com o contexto, outros sentidos.

Pense na palavra *âncora*. Independentemente do contexto, o significado dessa palavra é "peça de ferro feita para segurar o navio no ponto que se quer". Esse é o significado básico dessa palavra, ou seja, seu **sentido denotativo**.

No poema "Você é minha âncora", a palavra *âncora* adquire outros significados, como arrimo, abrigo, amparo. É o sentido sugestivo da palavra, ou seja, seu **sentido conotativo**. Observe:

> **Denotação**: sentido usual, próprio de uma palavra.
> **Conotação**: sentido subjetivo, sugestivo de uma palavra.

1. Com quem o eu lírico fala no poema? O que ela representa para ele?

   _____
   _____

2. Quais ideias e sentimentos o eu lírico expressa no poema? Escreva trechos que justifiquem suas respostas.

   _____
   _____

3. Identifique no poema "Você é minha âncora" outras palavras empregadas com sentido conotativo. Em seguida, no caderno, transforme um trecho do texto em imagem.

   _____

Produção de textos

As palavras têm grande poder sugestivo. Pense, por exemplo, na palavra *fogo*. Ela pode ter os seguintes sentidos:

> morte   destruição   dor   grito   socorro   pânico
> vida   tristeza   amor   ferida   bombeiro   luz

Escolha uma destas palavras e crie um poema, na ficha a seguir, empregando suas múltiplas significações.

> vento   mar   luz   noite   lágrima   água   pão   sol

Ficha 2 — LINGUAGEM POÉTICA

Autor(a): _____ Data: ___/___/___

Planejamento

Antes de começar a escrever o poema, anote a palavra que você usará.

1. Escolha a palavra.

_____

2. Anote tudo o que essa palavra pode sugerir.

_____
_____
_____
_____
_____
_____
_____

3. Com base no que você anotou, escolha a mensagem (uma ideia, uma sensação ou uma emoção) que pretende comunicar com o poema que escreverá.

_____
_____
_____
_____
_____

Escrita

Escreva o poema. Busque imagens que possam sugerir o que você pretende comunicar. Se não souber como continuar o texto, releia em voz alta o que já escreveu. Assim, você perceberá o ritmo dos versos.

_____
_____
_____
_____
_____

Oficina de escritores • 8º ano • Projeto B: Ateliê da poesia

Revisão

No processo de criação do poema, o reler e o reescrever confundem-se com a própria escrita do texto. Não tenha medo de alterar, acrescentar ou substituir uma palavra, um verso, uma expressão. Aos poucos, na convivência com as palavras do seu texto, surge o poema organizado. O **Roteiro de revisão** abaixo vai ajudá-lo nessa tarefa.

Roteiro de revisão	Avaliação do autor		Avaliação do leitor	
	SIM	NÃO	SIM	NÃO
Gênero textual				
1. Respeita as características próprias de um texto poético quanto ao ritmo dos versos e ao emprego de palavras com sentido conotativo?				
Coerência				
1. Há relação lógica entre os elementos do texto interligados a uma ideia central?				
Coesão				
1. São empregados recursos linguísticos que, quanto ao ritmo, dão continuidade ao texto?				
Adequação à norma-padrão				
1. O texto respeita as convenções da escrita (ortografia e acentuação) e as normas gramaticais (pontuação, concordância, regência, colocação pronominal)?				
Edição do texto				
1. O texto apresenta legibilidade e ausência de rasuras?				

Comentários do leitor (colegas e/ou professor):

_____
_____
_____
_____
_____
_____
_____
_____
_____
_____

Autor(a): _____

Reescrita

_____
_____
_____
_____
_____
_____
_____
_____
_____
_____
_____
_____
_____
_____
_____
_____
_____
_____
_____
_____
_____
_____
_____

Edição final

Prepare o texto para ser editado em seu livro de poemas ou para ser afixado em um mural na escola. Para isso, escreva o poema na página e faça uma ilustração para ele.

3 RITMO

Além do sentido conotativo da palavra, outro elemento que caracteriza a linguagem poética é o ritmo. Os sons das palavras no verso são aproveitados pelo poeta para dar significação ao texto.

São vários os recursos linguísticos de que o poeta pode se valer para dar ritmo ao poema: rima, repetição de sons, repetição de versos, regularidade do número de sílabas do verso.

Veja como esses elementos estão presentes no poema "Tem gente com fome".

Tem gente com fome

Trem sujo da Leopoldina
correndo correndo
parece dizer
tem gente com fome
tem gente com fome
tem gente com fome

Piiiiii

Estação de Caxias
de novo a dizer
de novo a correr
tem gente com fome
tem gente com fome
tem gente com fome
Vigário Geral
Lucas
Cordovil
Brás de Pina
Penha Circular
Estação da Penha
Olaria
Ramos
Bom Sucesso
Carlos Chagas
Triagem, Mauá

trem sujo da Leopoldina
correndo correndo
parece dizer
tem gente com fome
tem gente com fome
tem gente com fome

Tantas caras tristes
querendo chegar
em algum destino
em algum lugar

Trem sujo da Leopoldina
correndo correndo
parece dizer
tem gente com fome
tem gente com fome
tem gente com fome

Só nas estações
quando vai parando
lentamente começa a dizer
se tem gente com fome
dá de comer
se tem gente com fome
dá de comer
se tem gente com fome
dá de comer

Mas o freio de ar
todo autoritário
manda o trem calar
Psiuuuuuuuuuuu

Francisco Solano Trindade. *Tem gente com fome*. São Paulo: Nova Alexandria, 2008.

Estudo do texto

Esse poema procura sugerir, por meio do ritmo das palavras, o movimento de um trem que percorre o subúrbio do Rio de Janeiro.

O poeta consegue isso usando efeitos produzidos pelo uso de recursos expressivos sonoros. São eles:

1. Repetição de palavras e/ou versos. Veja estes versos do poema:

> Trem sujo da Leopoldina
> correndo correndo
> parece dizer
> tem gente com fome
> tem gente com fome
> tem gente com fome

2. O poeta trabalha os sons das palavras para indicar que o trem já partiu:

> Piiiiii

E também para sugerir o freio do trem no final do poema:

> Psiuuuuuuuuuuu

3. O autor sugere, ainda, movimento e velocidade ao listar, em uma estrofe longa, todas as estações pelas quais o trem passa. Observe:

> Estação de Caxias
> de novo a dizer
> de novo a correr
> tem gente com fome
> tem gente com fome
> tem gente com fome
> Vigário Geral
> Lucas
> Cordovil
> Brás de Pina
> Penha Circular
> Estação da Penha
> Olaria
> Ramos
> Bom Sucesso
> Carlos Chagas
> Triagem, Mauá
> trem sujo da Leopoldina
> correndo correndo
> parece dizer
> tem gente com fome
> tem gente com fome
> tem gente com fome

Produção de textos

Escreva um poema que, por meio do ritmo e dos sons das palavras, consiga sugerir um dos seguintes movimentos:

a) bola pulando num jogo de futebol ou de basquete;

b) cavalo trotando numa rua de pedra;

c) motores rangendo numa corrida de carros;

d) fogos estourando durante uma festa;

e) barulho das ondas do mar.

Para compor seu poema, você poderá consultar, na relação abaixo, palavras que sugerem diferentes sons.

> **Substantivos**: barulho, barulheira, bulha, burburinho, bulício, ruído, rumor, estalo, zumbo, sonido, soído, estalido, alento, voz, vozerio, vozeirada, acentuação, grito, soada, zoada, zoeira, algazarra, gritaria, balbúrdia, clamor, estardalhaço, tumulto, entoação, modulação na voz, inflexão, vibração, preclusão, tom, cadência, sonoridade, ressonância, eco, audibilidade (voz), timbre, metal de voz, órgão, fonação, fonema.
> **Verbos**: soar, produzir, emitir som, toar, triscar, bater, dar, vibrar, espraiar, ressoar, bulhar.
> **Som de coisas**
> **Água: Substantivos**: glu-glu, chape, marulho, marulhada, fola, gorgolhão ou gorgolão, gorgolejo.
> **Verbos**: borborinhar, borbulhar, cachoar, escachoar, cantar, chofrar, gorgolar, gorgolejar, mugir, gorgolhar, chuchurrear, murmulhar, murmurar, murmurejar, retrincar, retumbar, roncar, rumorejar, sussurrar, trapejar, trepidar, zoar.
> **Alimentos ao fogo: Substantivos**: rechino, chito, chiada, chiadeira. **Verbos**: chiar, escachoar, grugrulhar, parpujar, rebentar, rechiar, rechinar.
> **Andar de animais: Substantivos**: estrupido, estropeada, galope, trote, tropel, estrompido, estrépido, catrapós ou catrapus, rastejo. **Verbos**: estropear, patejar, galopear, estreputar, restolhar, tropear, trotar.
> **Árvore: Substantivos**: murmulho, murmúrio, cicio, sussurro, farfalho. **Verbos**: ciciar, chuaiar, farfalhar, frondejar, murmulhar, murmurejar, ramalhar, sussurrar.
> **Apito: Substantivos**: trilo, assobio, assovio, apito. **Verbos**: trilar, assobiar, assoviar, apitar.
> **Automóvel: Substantivos**: fon-fon, buzina, ronco. **Verbos**: fonfonar, buzinar, roncar, cantar (pneus ao derrapar).
> **Asas: Substantivos**: frêmito, ruflo, adejo, bater. **Verbos**: fladlar, frufrulhar, rufar, ruflar, adejar, bater.
> **Bala: Substantivo**: assobio. **Verbos**: assobiar, sibilar, silvar, zunir, esfuziar.
> **Beijo: Substantivos**: estalido, estalo. **Verbos**: chuchurrear, estalar.
> **Bomba: Substantivos**: ribombo, estrondo. **Verbos**: estalar, estourar, estralar, estralejar, estalejar, explodir, rebentar, ribombar, estrondear.
> **Campainha: Substantivos**: campainhada, telim, tlim. **Verbos**: tanger, tintinar, tilintar, tiririr.
> **Canhão: Substantivos**: atroada, trom, trono, estrondo, ribombo, ribombar, troar. **Verbos**: atroar, ecoar, retumbar, ribombar, soar, troar, tronar.
> **Carro de bois: Substantivos**: rodar, chiar, chio. **Verbos**: cantar, chiar, guinchar, rinchar.
> **Chicote: Substantivos**: estalo, estalar. **Verbos**: estalar, estalidar, estalejar.
> **Copos: Substantivos**: tinido. **Verbos**: retinir, tilintar, tinir, triscar.
>
> Francisco Ferreira dos Santos Azevedo. *Dicionário analógico da língua portuguesa*.
> 2. ed. Rio de Janeiro: Lexikon, 2010.

Ficha 3 — RITMO

Autor(a): _____ Data: ___/___/___

Planejamento

Antes de começar a escrever o poema, anote as palavras que você poderá utilizar.

1. Escolha um dos movimentos sugeridos.

_____
_____

2. Anote livremente o maior número de palavras que reproduzem ou sugerem esse movimento.

_____
_____
_____
_____
_____

Escrita

Na escrita do poema, procure ler e reler em voz alta o que você está escrevendo. Isso lhe permitirá perceber com maior clareza o ritmo dos versos.

_____
_____
_____
_____
_____
_____
_____
_____
_____
_____
_____
_____

Oficina de escritores • 8º ano • Projeto B: Ateliê da poesia

Revisão

No processo de criação da poesia, o reler e o reescrever confundem-se com a própria escrita do texto. Não tenha medo de alterar, acrescentar ou substituir uma palavra, um verso, uma expressão. Aos poucos, na convivência com as palavras do seu texto, surge o poema organizado.

Roteiro de revisão	Avaliação do autor		Avaliação do leitor	
	SIM	NÃO	SIM	NÃO
Gênero textual				
1. O texto apresenta as características próprias de um texto poético quanto ao ritmo dos versos e ao emprego de palavras com sentido conotativo?				
Coerência				
1. O ritmo das palavras e dos versos consegue sugerir ao leitor determinado som ou movimento?				
2. Predomina no poema uma sensação básica?				
Coesão				
1. São empregados recursos linguísticos que, quanto à sintaxe e/ou ao ritmo, dão continuidade ao texto?				
Adequação à norma-padrão				
1. O texto respeita as convenções da escrita (ortografia e acentuação) e as normas gramaticais (pontuação, concordância, regência, colocação pronominal)?				
Edição do texto				
1. O texto apresenta legibilidade e ausência de rasuras?				

Comentários do leitor (colegas e/ou professor):

_____
_____
_____
_____
_____
_____
_____
_____
_____

Autor(a): _____

Oficina de escritores • 8º ano • Projeto B: Ateliê da poesia

Reescrita

Edição final

Prepare o texto para ser editado em seu livro de poemas ou no mural. Para isso, escreva o texto na página e ilustre-o.

4 POESIA CONCRETA

Além de explorar o som e o sentido das palavras, existe um tipo de poesia que trabalha a palavra também como realidade visual.

O aspecto gráfico da palavra no espaço do papel adquire significado. É a **poesia concreta**.

Leia os poemas a seguir e observe os significados transmitidos pela associação das palavras com a disposição gráfica delas. Faça, depois, uma segunda leitura em voz alta, empregando ritmo e entonação e fazendo pausas e prolongamentos onde achar necessário.

TEXTO 1

Pássaro em vertical

Cantava o pássaro e voava
        cantava para lá
voava para cá
voava o pássaro e cantava
de
  repente
      um
        tiro
          seco
       penas fofas
      leves plumas
      mole espuma
     e um risco
       surdo
        n
        o
        r
        t
        e
        -
        s
        u
        l.

Libério Neves. *Pedra solidão*.
Belo Horizonte: Movimento Perspectiva, 1965.

Neste poema, as palavras "cantava" e "voava" remetem ao movimento do pássaro no céu, interrompido pela expressão "de repente um tiro seco". Esse desfecho já havia sido anunciado pelo título "Pássaro em vertical" (que indica o movimento do pássaro quando cai após ser atingido). O desenho das palavras "norte-sul", na vertical também, remete à ideia de morte do pássaro.

TEXTO 2

mar azul
mar azul   marco azul
mar azul   marco azul   barco azul
mar azul   marco azul   barco azul   arco azul
mar azul   marco azul   barco azul   arco azul   ar azul

Ferreira Gullar. *Toda poesia*. São Paulo: José Olympio, 2011.

Neste poema, o autor usou o formato gráfico para transmitir a ideia de ondulação, de movimento do mar.

TEXTO 3

vidavidavi
da   da
vi vi vi
davida da
        vi
d a v i -
d a v i d a

Augusto de Campos. *Poesia*. São Paulo: Brasiliense, 1986.

Neste poema, a repetição da palavra "vida" transmite a ideia de um mantra, reforçado pelos versos "vi vi vi/ davida da".

TEXTO 4

Falta de sorte

Hoje estou sem sorte
Tudo me c $_a$ $_i$ da mão

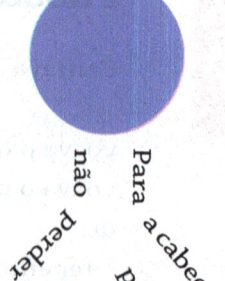

Para a cabeça
não
para o Japão.
perder
vou fugir

Sérgio Capparelli. *Tigres no quintal*. São Paulo: Global, 2008.

Neste poema, a disposição das palavras remete à figura de uma pessoa. A palavra "cai" transmite, pelo formato, o próprio sentido de queda. Se combinarmos as palavras do poema, teremos: Hoje estou sem sorte. Tudo me cai da mão. Para não perder a cabeça vou fugir para o Japão.

Estudo do texto

Você pôde observar, nos poemas lidos, que a distribuição gráfica das palavras procura sugerir o significado do texto. São poemas destinados a serem entendidos mais pelo olhar que pela leitura, pois procuram representar visualmente o sentido que querem transmitir.

Produção de textos

Crie um poema concreto na ficha a seguir. Procure "jogar" com as palavras na página, de forma que a disposição gráfica delas expresse a ideia que você deseja transmitir.

92 Projeto B • Ateliê da poesia

Ficha 4

POESIA CONCRETA

Autor(a): _____ Data: ___/___/___

Planejamento

Antes de começar a escrever seu poema concreto, pense na ideia ou na emoção que você pretende comunicar. Busque palavras que possam sugerir, pelo som, pelo sentido ou pela forma gráfica, essa ideia ou emoção. Use essas palavras na construção do seu poema.

Oficina de escritores • 8º ano • Projeto B: Ateliê da poesia

Escrita

Depois de definir o que você pretende comunicar com o seu poema, atente para o aspecto gráfico das palavras. Descubra um sentido possível na disposição delas.

Revisão

No processo de criação de um poema, o reler e o reescrever confundem-se com a própria escrita do texto. Não tenha medo de alterar, acrescentar ou substituir uma palavra, um verso, uma expressão. Aos poucos, na convivência com as palavras do seu texto, surge o poema organizado. Para os demais itens, guie-se pelo **Roteiro de revisão** abaixo.

Roteiro de revisão	Avaliação do autor		Avaliação do leitor	
	SIM	NÃO	SIM	NÃO
Gênero textual				
1. No poema foi usada a distribuição gráfica das palavras para construir e sugerir o significado dele?				
Coerência				
1. A seleção e a disposição gráfica das palavras relacionam-se a uma ideia central?				
Coesão				
1. São utilizados recursos linguísticos e gráficos para sugerir progressão no texto?				
Adequação à norma-padrão				
1. O texto respeita as convenções da escrita (ortografia e acentuação)?				
Edição do texto				
1. O desenho e a disposição gráfica das letras estão legíveis?				

Comentários do leitor (colegas e/ou professor):

_____
_____
_____
_____
_____
_____
_____
_____
_____
_____
_____

Autor(a): _____

Oficina de escritores • 8º ano • Projeto B: Ateliê da poesia

Reescrita

Edição final

Edite seu poema. Lembre-se de que a disposição gráfica deverá expressar o significado dele.

5 HAICAI

Nesta unidade, vamos estudar o **haicai**, poema de origem japonesa composto de três versos. Os haicais costumam ter como temática aspectos da natureza, o passar do tempo, o amor, entre outros assuntos.

Leia a seguir alguns haicais e observe a estrutura de três versos e a temática de cada um. Depois, faça uma segunda leitura em voz alta, empregando ritmo e entonação e fazendo pausas onde achar necessário.

TEXTO 1

Velhice

Uma folha morta
Um galho no céu grisalho.
Fecho a minha porta.

Guilherme de Almeida. *Poesia vária*.
São Paulo: Martins Fontes, 1947.

TEXTO 2

esta vida é uma viagem
pena eu estar
só de passagem

Paulo Leminski. *Melhores poemas*.
5. ed. São Paulo: Global, 2001.

TEXTO 3

Sobressalto
esse desenho abstrato
minha sombra no asfalto

Paulo Leminski. *Melhores poemas*.
5. ed. São Paulo: Global, 2001.

TEXTO 4

Flores

Na flor de romã
minúsculo helicóptero
beija-flor de manhã.

Maria Valéria Rezende; Alice Ruiz.
Conversa de passarinhos. São Paulo:
Iluminuras, 2008.

TEXTO 5

que viagem
ficar aqui
parada

Alice Ruiz. *Dois em um*.
São Paulo: Iluminuras, 2008.

TEXTO 6

a gaveta da alegria
já está cheia
de ficar vazia

Alice Ruiz. *Yuuka. haicais*. Porto Alegre: AMEOP, 2004.

Estudo do texto

Haicai é um poema que fala, sobretudo, da natureza e dos acontecimentos diários. A seguir, algumas de suas características.

Forma: um haicai tradicional é composto, geralmente, de três versos. Veja mais dois exemplos.

as ondas beijam
os lábios da praia –
bocas do mar

sol na varanda –
sombras ao entardecer
brincam de ciranda

Carlos Seabra. Disponível em: http://cseabra.wordpress.com/haicais/. Acesso em: 16 maio 2020.

Bruno Badain/Manga Mecânica

Rimas: os finais dos versos podem rimar ou não.

Conteúdo: natureza ou cenas do cotidiano.

Linguagem: concisão (emprega-se o mínimo de palavras possível).

Produção de textos

Com base nas características desse gênero, componha textos de haicai na ficha a seguir. Escolha como tema algum aspecto da natureza ou do cotidiano.

Ficha 5 — HAICAI

Autor(a): _____ Data: ___/___/___

Planejamento

Antes de começar a escrever o seu haicai, feche os olhos. Escolha um tema da natureza ou algum que envolva o seu cotidiano. Faça desenhos e/ou, livremente, escreva palavras relacionadas ao tema.

Oficina de escritores • 8º ano • Projeto B: Ateliê da poesia

Escrita

Escreva o seu haicai. Lembre-se de que você deve se limitar a três versos. Procure ser o mais conciso possível: expresse sua ideia empregando o menor número de palavras possível.

Revisão

Ao reler seu texto, lembre-se de que, em um haicai, a concisão é fundamental. Verifique se há palavras que você pode eliminar ou substituir para transmitir de modo mais preciso suas ideias. Ao revisar seu texto, baseie-se no **Roteiro de revisão**.

Roteiro de revisão	Avaliação do autor		Avaliação do leitor	
	SIM	NÃO	SIM	NÃO
Gênero textual				
1. O texto apresenta as características próprias de um haicai?				
Coerência				
1. O texto expressa uma ideia central?				
2. O texto está organizado em versos?				
3. Os aspectos selecionados estão ligados à natureza ou a cenas do cotidiano?				
4. As palavras selecionadas sugerem algum aspecto da realidade?				
Coesão				
1. As frases estão claras?				
2. O vocabulário empregado está adequado e preciso?				
3. A linguagem utilizada é concisa?				
Adequação à norma-padrão				
1. O texto respeita as convenções da escrita (ortografia e acentuação)?				
Edição do texto				
1. A letra está legível e o texto está sem rasuras?				

Comentários do leitor (colegas e/ou professor):

_____
_____
_____
_____
_____
_____
_____
_____

Autor(a): _____

Oficina de escritores • 8º ano • Projeto B: Ateliê da poesia

Reescrita

Edição final

De acordo com a orientação do professor, prepare, com os colegas, cartazes para expor os haicais que vocês criaram.

PROJETO C

DA FALA PARA A ESCRITA

Objetivo

Neste projeto, você e os colegas escreverão uma peça de teatro, que será encenada para a comunidade escolar, os familiares e os amigos.

Estratégias

Para isso, vocês vão conhecer as diferentes formas de reproduzir a fala da personagem, pois o diálogo constitui a base de um texto teatral. Depois de conhecer essas diferentes possibilidades de reprodução das falas da personagem, vocês estudarão a organização e a linguagem presentes numa peça de teatro.

Encerramento

Você e os colegas apresentarão para a comunidade escolar, os familiares e os amigos a peça de teatro que escreveram.

1. Diálogo na fala, na internet e na escrita
2. Diálogo nas redes sociais
3. Diálogo na história em quadrinhos
4. Diálogo na narrativa
5. Diálogo na entrevista
6. Diálogo no teatro

INTRODUÇÃO: DIÁLOGO

O constante diálogo

Há muitos diálogos:
o diálogo com o ser amado
      o semelhante
      o diferente
      o indiferente
      o oposto
      o adversário
      o surdo-mudo
      o possesso
      o irracional
      o vegetal
      o mineral
      o inominado
o diálogo contigo mesmo
      com a noite
      os astros
      os mortos
      as ideias
      o sonho
      o pessoal
      o futuro
Escolhe teu diálogo
    e
tua melhor palavra
    ou
teu melhor silêncio
Mesmo no silêncio e com o silêncio
dialogamos.

Carlos Drummond de Andrade. *Discurso da primavera e algumas sombras*. Rio de Janeiro: Record, 2006.

Comunicação

Você não vive sozinho. Vive com outras pessoas que o ajudam e a quem você também ajuda a viver. Você pensa e sente. As pessoas com as quais você **convive** (*com – vive*) também pensam e sentem.

Ao dizer a alguém o que pensa e sente, você põe *em comum* seus pensamentos e sentimentos. Quando esse alguém diz a você o que pensa e sente, também coloca *em comum* os pensamentos e sentimentos dele.

Vocês estão realizando um ato de **comunicação**, isto é, "tornando comuns" os pensamentos e sentimentos.

Diálogo

A conversa entre as pessoas é a mais importante forma de comunicação entre elas. Essa forma de comunicação é denominada **diálogo**. Desde bebês, somos expostos a situações de conversação. A mãe interage com o bebê desde os primeiros dias de vida, dirigindo-se a ele. Os silêncios ou sons do bebê são interpretados pela mãe como continuação da conversa. A palavra *diálogo* vem da língua grega e é composta do prefixo *dia* (que significa "através") e *logos* (que significa "palavra").

Num diálogo, podemos identificar os três elementos básicos a seguir.

1. **Emissor**: pessoa que fala, isto é, que envia uma informação.
2. **Mensagem**: informação comunicada pelo emissor.
3. **Destinatário** ou **receptor**: pessoa a quem se destina a mensagem ou que a recebe.

O diálogo constitui a base da comunicação linguística. O emissor envia uma mensagem ao destinatário, que, ao dar continuidade à conversa, se torna emissor de nova mensagem. Observe:

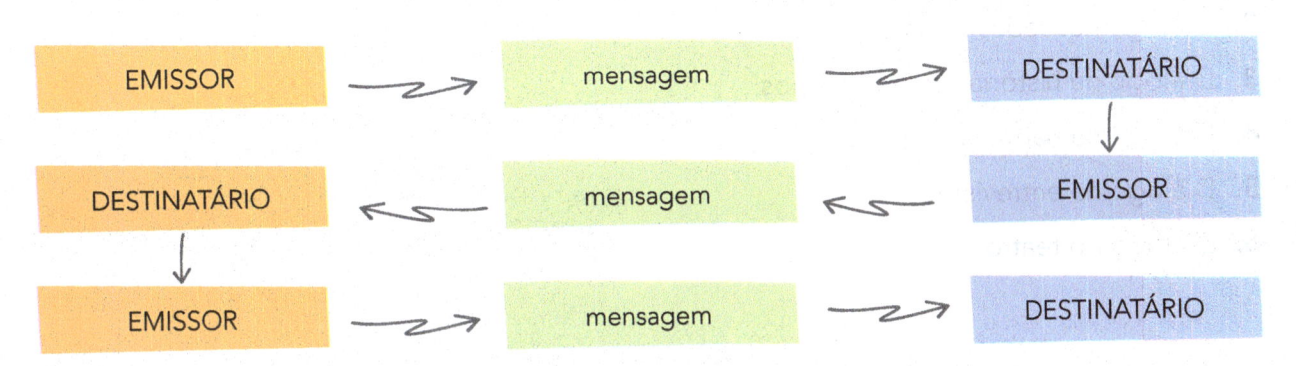

Participantes do diálogo

Por meio do diálogo:

a) como **emissor**, você pode dizer aos outros o que pensa e sente a respeito do que existe e acontece no mundo;

b) como **destinatário**, você pode receber novas informações que vão enriquecer seu conhecimento, saber o que os outros pensam e ter, assim, uma visão mais ampla do mundo.

Pense nos diálogos de que você participa no dia a dia, seja como emissor, seja como destinatário. Há, com certeza, momentos em que você atua mais como emissor e outros em que atua mais como destinatário.

1. Das situações de comunicação a seguir, qual é o seu papel predominante: Emissor? Emissor/destinatário? Destinatário?

    a) Conversar com amigos.

    b) Conversar com conhecidos.

    c) Conversar com pais ou irmãos.

    d) Assistir à aula.

    e) Assistir a um programa de televisão.

2. Em que situações você é apenas destinatário, mas gostaria de participar da conversa tornando-se também emissor? Pense sobre isso e discuta o assunto com os colegas.

Formas de diálogo

O diálogo – o intercâmbio de mensagens entre duas ou mais pessoas ou personagens – está presente em muitas situações de comunicação da língua falada e da língua escrita. Nas próximas páginas, você vai ler e escrever os diálogos a seguir.

1. Diálogo na fala, na internet e na escrita

2. Diálogo nas redes sociais

3. Diálogo na história em quadrinhos

4. Diálogo na narrativa

5. Diálogo na entrevista

6. Diálogo no teatro

1 DIÁLOGO NA FALA, NA INTERNET E NA ESCRITA

Você lerá a seguir quatro textos que reproduzem um mesmo diálogo. As personagens são as mesmas, assim como o assunto. No entanto, há diferenças significativas entre esses diálogos. Leia os textos e perceba quais são essas diferenças.

TEXTO 1

Diálogo na fala

L1: escuta... vai pintar um *show* com Chitãozinho e Xororó amanhã na praia, cara... vamos?

L2: onde? ((sem muito interesse))

L1: lá no Boqueirão...

L2: amanhã? ((já com ar de impossibilidade))

L1: é:: vamos embora logo cedo?

L2: não dá cara... tô cheio de serviço até a cabe::ça...

L1: ah:: faz o possível para dar conta pelo menos até a hora do almo::ço... ((meio indignado))

L2: mas tá choven::do... ((eles iriam de moto))

L1: qual é cara? No Ano Novo eu desci na maior CHUva e lá fez um sol legal... deu pra aproveitar a praia... e:: chuva faz bem... chuva dá SO::Rte cara... vamos lá...

L2: vou pensar...

L1: tá bom mas ó... dá um je::ito... vamos lá:: pô você só traba::lha... qual é::?...

Leonor Lopes Fávero et al. *Oralidade e escrita*. São Paulo: Cortez, 2009.

TEXTO 2

Diálogo na internet

Tiago diz: Ehi...vai rolar um xou c Chitaunzinho e Xororo amanhan na praia, meu... vamu ae

Cleber diz: onde

Tiago diz: no Boqueraum

Cleber diz: amanhan

Tiago diz: eh, vamu aeeee, logo cedu

Cleber diz: naum dah meu... to xeio de trab... ateh a cbç...

Tiago diz: aaaah, manda v com u trab, pelo menos ateh a hr do almosso...

Cleber diz: mas tah chuvendu...

Tiago diz: qual eh? No anu novo eu desci na maior xuva e fez um puta sol... deu ateh p aproveitar a praia...e xuva faz bem... xuva dah sorte, vamu ae...

Cleber diz: ok, vou ver

Tiago diz: blza... mas dah um jeito ok... vamu nessa, po vc soh trab... qual eeeeeh

TEXTO 3

Diálogo na escrita

— Vai ter um *show* com Chitãozinho e Xororó amanhã na praia. Vamos?
— Onde?
— No Boqueirão...
— Amanhã?...
— Sim. Amanhã. Vamos logo cedo?
— Acho que não vai dar. Estou com muito serviço.
— Ah...! Faça o possível para resolver tudo, pelo menos até a hora do almoço...
— Mas tá chovendo... Não dá pra ir de moto.
— No Ano Novo eu desci na maior chuva e lá fez um sol legal... Deu pra aproveitar a praia... Chuva faz bem! Chuva dá sorte! Vamos?
— Vou pensar...
— Tá bom! Mas veja se dá um jeito. Vamos lá! Você só trabalha!

TEXTO 4

Relato do diálogo

Convidei um amigo para ir à praia do Boqueirão, de moto, assistir ao *show* de Chitãozinho e Xororó que iria acontecer no dia seguinte, durante o feriado do aniversário de São Paulo. Ele não aceitou o convite de imediato, alegando que estava com muito serviço. Fiquei indignado e pedi que fizesse o possível para dar conta do serviço até a hora do almoço, mas ele arrumou outra desculpa: a de que estava chovendo. Comentei com ele que no Ano Novo eu tinha ido para o Boqueirão com chuva e que lá estava um sol tão bom que até deu para aproveitar a praia; além disso, disse-lhe que chuva fazia bem e que dava sorte, mas ele ainda assim disse que iria pensar. Tem gente que é complicada.

Estudo do texto

Os quatro textos que você acabou de ler relatam uma mesma conversa entre duas pessoas utilizando linguagem e suporte diferentes. Observe:

Texto 1 – registro escrito da transcrição de um diálogo oral.

Texto 2 – registro escrito de um diálogo pela internet.

Texto 3 – registro escrito de um diálogo de acordo com as convenções da língua escrita.

Texto 4 – relato escrito de um diálogo.

Cada um desses textos apresenta características específicas. Vamos estudar cada um deles.

Texto 1

Para você perceber os elementos que distinguem um texto falado de um texto escrito, é preciso conhecer as diferenças entre fala e escrita, os recursos próprios da língua falada e da língua escrita.

Fala e escrita são duas modalidades pertencentes ao mesmo sistema linguístico: o sistema da língua portuguesa. As diferenças entre elas, portanto, não estão na estrutura da língua. Mas é importante que você as identifique para poder usar os recursos próprios da língua falada, bem como os da língua escrita. Leia a seguir essas diferenças.

1. Toda comunicação linguística pressupõe um diálogo entre o emissor e o destinatário. Veja:

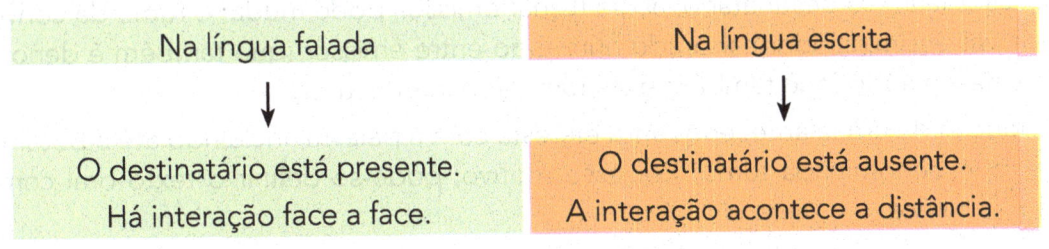

Na língua falada	Na língua escrita
↓	↓
O destinatário está presente. Há interação face a face.	O destinatário está ausente. A interação acontece a distância.

2. A criação do texto, na língua falada, é o resultado do intercâmbio entre emissor e destinatário; é uma criação, portanto, coletiva. A criação do texto na língua escrita é apenas do emissor; é uma criação, portanto, individual. Observe:

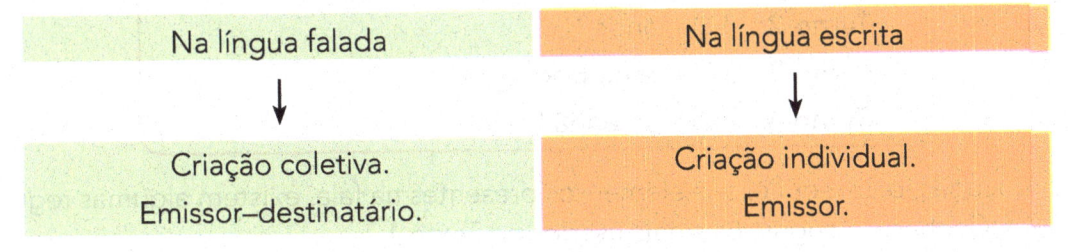

Na língua falada	Na língua escrita
↓	↓
Criação coletiva. Emissor–destinatário.	Criação individual. Emissor.

3. Na língua falada, são usados vários códigos: palavras, gestos, expressões faciais. Na língua escrita, usa-se apenas um código: a palavra. Ou seja:

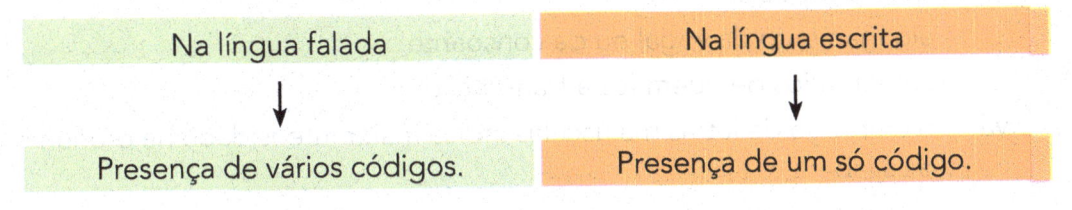

Na língua falada	Na língua escrita
↓	↓
Presença de vários códigos.	Presença de um só código.

4. Na língua falada, em situações do dia a dia, informais, o emissor não tem a preocupação de usar as palavras de sentido preciso. Ele se comunica de maneira mais espontânea, mais familiar. Na língua escrita, ao contrário, em situações mais formais, há uma preocupação maior com as normas da língua. Isto é:

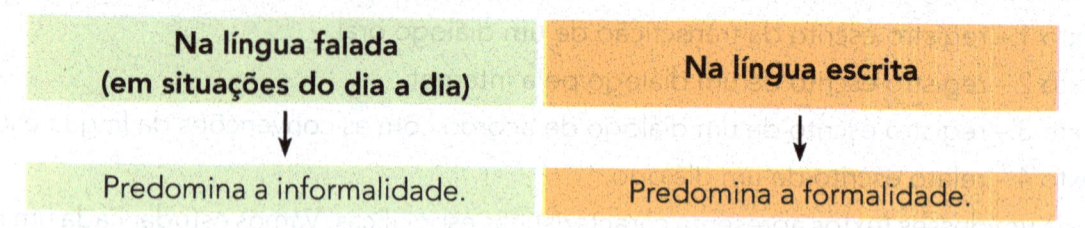

Na língua falada (em situações do dia a dia)	Na língua escrita
↓	↓
Predomina a informalidade.	Predomina a formalidade.

Vamos retomar o quadro abaixo.

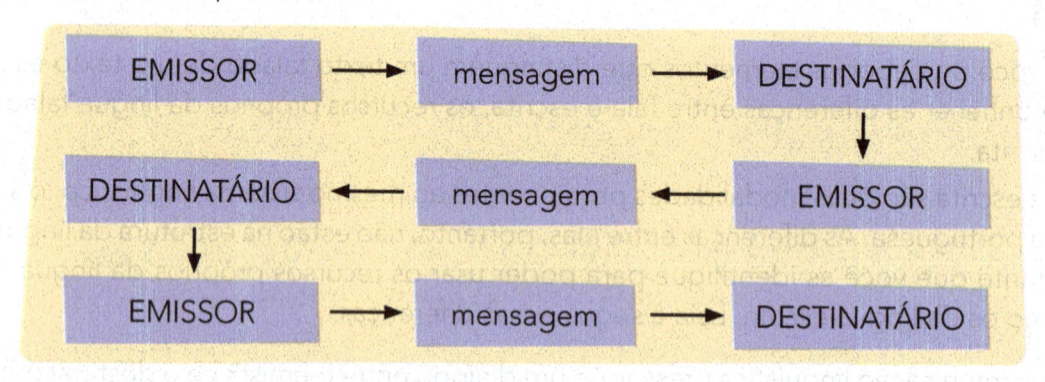

EMISSOR → mensagem → DESTINATÁRIO
                              ↓
DESTINATÁRIO ← mensagem ← EMISSOR
      ↓
EMISSOR → mensagem → DESTINATÁRIO

O emissor fala, e o destinatário, ao se tornar emissor, pode mudar o rumo da conversa. O texto oral vai, assim, sendo elaborado num jogo entre emissor (que também é denominado locutor) e destinatário (que também é denominado interlocutor).

A produção de um falante, enquanto ele está com a palavra, incluindo até a possibilidade de silêncio, é denominada turno. Por esse motivo, pode-se definir o texto oral como uma sucessão de turnos.

Se no texto escrito a unidade de composição é o parágrafo, no texto oral é o turno. Observe:

> **Turno 1** (L1) – escuta... vai pintar um *show* com Chitãozinho e Xororó amanhã na praia, cara... vamos?
> **Turno 2** (L2) – onde?
> **Turno 3** (L1) – lá no Boqueirão...
> **Turno 4** (L2) – amanhã?

Na preocupação em ser fiel aos elementos presentes na fala, existem algumas regras para transcrição. Conheça, a seguir, os sinais usados no Texto 1.

L	– a pessoa que fala, o locutor.
...	– qualquer pausa.
::	– alongamento da vogal ou da consoante.
(( ))	– comentários de quem fez a transcrição.
CHUva	– o emprego de letras maiúsculas indica maior intensidade na pronúncia da sílaba.

Texto 2

Na linguagem da internet, de acordo com a situação, são utilizados recursos que possibilitam maior rapidez no registro. Sabe-se que a fala se desenvolve no tempo, e o tempo tem uma característica fundamental: é irreversível. Aconteceu e não acontecerá mais. A escrita, ao contrário, acontece no espaço. E o espaço é reversível. Isso possibilita ao leitor percorrer um texto em várias direções.

No ambiente de internet, há textos que incorporam as características do texto escrito; outros, do texto falado. A linguagem presente nas redes sociais, nas mensagens instantâneas por aplicativo de celular, além de ocorrer num espaço virtual, desenvolve-se também no tempo. Para conseguir transmitir a informação no tempo mais rápido possível, são utilizados recursos que objetivam agilizar a escrita.

1. Quanto à pontuação, nos diálogos eletrônicos podem ser eliminados o ponto-final, o ponto de interrogação e as vírgulas, pois o próprio contexto permite a distinção entre pergunta e resposta. Observe:

> **Tiago diz**: Ehi... vai rolar um xou c Chitaunzinho e Xororo amanhan na praia, meu... vamu ae
> **Cleber diz**: onde
> **Tiago diz**: no Boqueraum
> **Cleber diz**: amanhan
> **Tiago diz**: eh, vamu aeeee, logo cedu

2. A escrita das palavras na internet, para registrar falas espontâneas e familiares, possui particularidades. Há substituição de letras que parece resultar de uma tentativa de aproximação do texto escrito com a fala ("queru", "issu"). Na escrita das palavras, muitas vezes são feitas alterações como subtração do elemento final, como "facul" (faculdade), "trab" (trabalho); subtração do elemento inicial, como "dorei" (adorei), "migona" (amigona); ou subtração de elementos mediais, como "tb" (também), "pq" (porque). Veja:

> **Tiago diz**: eh, vamu aeeee, logo cedu
> **Cleber diz**: naum dah meu... to xeio de trab... ateh a cbç...

3. A ausência de acento agudo e do til – substituídos, respectivamente, com mais frequência pelo "h" ("jah", "ateh") ou pelo "um" ("entaum", "naum") – tem origem na limitação de alguns processadores de texto ou na configuração inadequada dos teclados, que, muitas vezes, impossibilitavam a inserção desses sinais. Observe:

> **Cleber diz**: naum dah meu... to xeio de trab... ateh a cbç...
> **Tiago diz**: aaaah, manda v com u trab, pelo menos ateh a hr do almosso...
> **Cleber diz**: mas tah chuvendu...

Texto 3

Esse texto reproduz o diálogo da língua falada, obedecendo às normas e às convenções da língua escrita quanto à:

1. grafia e acentuação das palavras;
2. pontuação: usou-se o travessão para indicar a fala dos interlocutores;
3. seleção das palavras: foram eliminados os marcadores comuns da língua falada.

Texto 4

Esse texto registra o diálogo utilizando o discurso indireto. Nele, estão presentes os elementos de um texto narrativo, cujo narrador (que é uma das personagens) relata, com suas palavras, a fala entre elas.

Produção de textos

Escreva um diálogo entre duas personagens, registrando-o nestas modalidades.

1. Diálogo na fala (registro da língua falada).
2. Diálogo na internet.
3. Diálogo na língua escrita, com discurso direto.
4. Diálogo na língua escrita, com discurso indireto.

A critério do professor, esse trabalho pode ser realizado individualmente ou em dupla.

Escreva como você mesmo ou como personagem. Veja algumas sugestões de personagens que você pode assumir.

1. Mãe – filho(a)
2. Pai – filho(a)
3. Professor(a) – aluno(a)
4. Namorado – namorada
5. Amigo – amiga
6. Vendedor(a) – cliente

Ficha 1

DIÁLOGO NA FALA, NA INTERNET E NA ESCRITA

Autor(a): _____ Data: ___/___/___

Diálogo na fala

Planejamento

Antes de escrever o diálogo, escolha o assunto da conversa e as personagens que você vai assumir. Faça um roteiro do que será falado. Se preferir, grave a conversa como se você fosse as personagens.

1. Personagens e principais características:
_____
_____

2. Assunto do diálogo:
_____
_____

3. Roteiro do diálogo:
_____
_____

Reescrita

Transcreva para a língua escrita a conversa entre as personagens, exatamente como aconteceu. Você pode seguir as regras para transcrição vistas anteriormente. Use o caderno para registrar a escrita das falas e depois reescreva-as nesta ficha.
_____
_____
_____
_____
_____
_____
_____
_____
_____
_____

Oficina de escritores • 8º ano • Projeto C: Da fala para a escrita

Ficha 1

DIÁLOGO NA FALA, NA INTERNET E NA ESCRITA

Autor(a): _____ Data: ___/___/___

Diálogo na internet

Reescrita

Reescreva o diálogo usando a linguagem da internet. Imagine que a conversa está ocorrendo por mensagem instantânea de aplicativo de celular.

Oficina de escritores • 8º ano • Projeto C: Da fala para a escrita

Ficha 1

DIÁLOGO NA FALA, NA INTERNET E NA ESCRITA

Autor(a): _____ Data: ___/___/___

Diálogo na língua escrita, com discurso direto

Reescrita

Reescreva o diálogo na língua escrita. Para isso, utilize o discurso direto e escreva de acordo com as convenções da norma-padrão. Faça, no caderno, as alterações que julgar necessárias antes de reescrever o texto nesta ficha.

_____
_____
_____
_____
_____
_____
_____
_____
_____
_____
_____
_____
_____
_____
_____
_____
_____
_____
_____
_____
_____
_____
_____

Oficina de escritores • 8º ano • Projeto C: Da fala para a escrita

Revisão

Ao revisar o texto, observe atentamente a fala das personagens. Verifique os seguintes aspectos: falas que podem ser eliminadas, emprego adequado do discurso direto, variação dos verbos de elocução, uso correto dos sinais de pontuação na reprodução do discurso direto. Para os demais itens, guie-se pelo **Roteiro de revisão** abaixo.

Roteiro de revisão	Avaliação do autor		Avaliação do leitor	
	SIM	NÃO	SIM	NÃO
Gênero textual				
1. O texto utiliza o discurso direto para reproduzir a fala das personagens?				
2. A linguagem está adequada à fala das personagens?				
Coerência				
1. O texto atende à proposta?				
2. As falas seguem uma sequência coerente?				
3. Predomina uma ideia central no texto?				
Coesão				
1. São empregados recursos linguísticos que dão continuidade ao texto?				
2. As frases estão construídas com clareza e com vocabulário adequado?				
Adequação à norma-padrão				
1. O texto respeita as convenções da escrita (ortografia e acentuação) e as normas gramaticais (pontuação, concordância, regência, colocação pronominal)?				
Edição do texto				
1. O texto apresenta legibilidade, uniformidade de margens e ausência de rasuras?				

Comentários do leitor (você ou um colega):

_____
_____
_____
_____
_____
_____
_____
_____

Ficha 1 — DIÁLOGO NA FALA, NA INTERNET E NA ESCRITA

Autor(a): _____ Data: ___/___/___

Diálogo na língua escrita, com discurso indireto

Reescrita

Reescreva o diálogo na língua escrita. Para isso, utilize o discurso indireto e escreva de acordo com as convenções da norma-padrão. Faça, no caderno, as alterações que julgar necessárias antes de reescrever o texto nesta ficha.

Oficina de escritores • 8º ano • Projeto C: Da fala para a escrita

Revisão

Ao revisar o texto, verifique se o discurso indireto foi empregado corretamente para reproduzir as falas das personagens. Para os demais itens, guie-se pelo **Roteiro de revisão** abaixo.

Roteiro de revisão	Avaliação do autor		Avaliação do leitor	
	SIM	NÃO	SIM	NÃO
Gênero textual				
1. Estão presentes no texto os elementos de uma narrativa, na qual há um narrador que relata as falas das personagens?				
2. É usado o discurso indireto para reproduzir as falas das personagens?				
Coerência				
1. O texto atende à proposta?				
2. Há uma sequência lógica entre os elementos do texto, interligados a uma ideia central?				
3. Predomina uma ideia central no texto?				
Coesão				
1. São empregados recursos linguísticos que dão continuidade ao texto?				
2. As frases estão construídas com clareza e com vocabulário adequado?				
Adequação à norma-padrão				
1. O texto respeita as convenções da escrita (ortografia e acentuação) e as normas gramaticais (pontuação, concordância, regência, colocação pronominal)?				
Edição do texto				
1. O texto apresenta legibilidade, uniformidade de margens e ausência de rasuras?				

Comentários do leitor (colega ou professor):

_____
_____
_____
_____
_____
_____
_____
_____

2 DIÁLOGO NAS REDES SOCIAIS

Atualmente, com o desenvolvimento tecnológico, estamos vivendo em um mundo, em grande parte, virtual. As pessoas passaram a se comunicar pela internet, pelas redes sociais, por *e-mails*, por mensagens instantâneas de aplicativo de celular.

As redes sociais, no mundo virtual, são *sites* e aplicativos formados por pessoas que têm os mesmos interesses, nas quais compartilham informações, conhecimentos, interesses em prol de objetivos comuns.

Leia, a seguir, as mensagens trocadas por um grupo de pessoas.

Blog da Ritoca
A balada – e o estresse – do ano

DE	kkfina@bemloko.com.br
PARA	mari@bemloko.com.br, max@correioquente.com.br, riqueloco@bemloko.com.br
CÓPIA	bebel@correioquente.com.br, luisabarros@fastmail.com.br, ritoca@brmail.com.br, renatogomes@brmail.com.br
ASSUNTO	A balada do ano!

Queridos!
Eu e a Mari estamos planejando uma superviagem para o feriado de 7 de setembro! Vai ser finoooo, a balada do ano! Vamos para a casa de campo dos meus pais, em Serro Azul? Assim a gente pode curtir o finalzinho do inverno lá na serra com muito chocolate quente, edredom (né, Mari e Rique?), lareira... Vai até rolar uma baladinha rave num haras lá perto.

Ritoca – quero ir! diz:
O Rê queria que eu fosse com ele pra casa da tia dele lá no Sul. Pelo jeito, meus pais não vão deixar uma coisa nem a outra!

Mari – rumo a Serro Azul :) diz:
Amigaaa, fala com eles! Não tem galho, os pais da KK vão estar lá do lado! Só vai ter "perigo" se você e o Rê quiserem! :)

***Lu* diz:**
Duvido que meu pai deixe, também. Ele já está mais preocupado com a prova bimestral que o Zé Luís! :-S

Quarta-feira, 5 de setembro

Que ódio! Eu não acredito! Ninguém merece essa família que eu tenho! Tem hora que dá vontade de ter nascido órfã! :(

Cheguei com a maior boa vontade para falar da viagem, mas meus pais já ficaram com uma cara de enterro e depois quase saí voando no meio de um furacão de desculpinhas ridículas: eu ainda não tenho idade pra viajar sozinha, e como é que vai ser um bando de adolescentes juntos, e se eu [...] passar mal, e se eu cair do quadriciclo e passar mal [...] e se eu ficar grávida – e passar mal, né, lógico? Afff... quanta besteira! E se eles pensavam que era perigoso eu viajar com o Rê e a galera, ir pra casa da tia dele, nem pensar!

Quebrei o maior pau, falei um monte também, e eles lá, com jeito de quem acabou de ganhar o troféu de "os pais mais responsáveis do mundo". AI, VÊ SE ME ESQUECE! Não vejo a hora de sair de casa.

postado por Ritoca 13:48

(3) já comentaram!

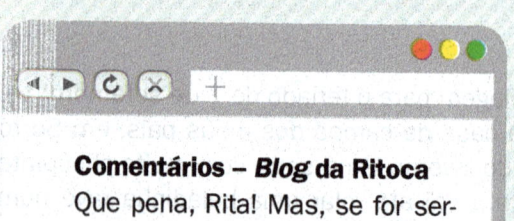

Comentários – *Blog* da Ritoca

Que pena, Rita! Mas, se for servir de consolo, meus pais também não deixaram... Quando você sair de casa, posso ir com você?

Lu 05/09 - 14:39

Amigaaaa, queria tanto que você fosse com a gente... Mas vou tirar várias fotinhos pra você!

Mari 05/09 - 15:33

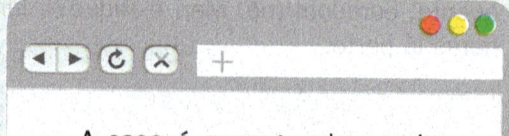

A casa é supergrande, por isso não se preocupem: não precisa levar nada, tá? Ah, e meus pais vão ficar no chalé que é ao lado da casa, então seus pais podem ficar tranquilinhos...

Agora é agitar, que a balada é na semana que vem!

Beijo da KK.

DE renatogomes@brmail.com.br
PARA ritoca@brmail.com.br
ASSUNTO Res: A balada do ano!

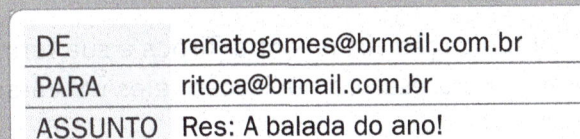

 E aí, gata? Você tá a fim de viajar com essa playboyzada? Estou achando que é roubada forte... E se a gente fosse para casa da minha tia, lá no Sul?

 Ela é gente boa pra caramba e não ia ficar embaçando com a gente. Que tal curtir uma prainha, sol, um lance mais sossegado, longe da muvuca, gata? Só nós dois.

 Beijão!
 Renato.

Mari – rumo a Serro Azul :) diz:
Amigaaas, e aí, vamos? Não vejo a hora! O Rique até vai levar o quadriciclo pra gente fazer umas trilhas na serra! Vamos xuxis!

Ritoca – quero ir! diz:
Ai, ainda não sei, não falei com meus pais. Mas estou morrendo de vontade! Pelo jeito vai ser uma delícia!!!

Lu diz:
E será que é pra gente ir mesmo, Mari? A KK só copiou o *e-mail* pra gente...

Mari – rumo a Serro Azul :) diz:
Amigaaa, deixa de besteira! É claro que ela convidou todo mundo: A KK é finaaa!

Lu diz:

DE santista@fastmail.com.br
PARA ritoca@brmail.com.br
ASSUNTO filhoca

 Ritoca,
 Filha, escrevo aqui porque estamos todos nervosos e às vezes, numa discussão, acabamos dizendo coisas no calor do momento, e que não queremos (nem deveríamos) dizer. Eu e sua mãe não queremos afastar você dos seus colegas, nem do Renato (que é um menino legal); estamos apenas tentando proteger você.

 Eu sei que você acha que pode se cuidar sozinha, que tem responsabilidade para enfrentar as situações e não se deixar levar por alguém que fume, beba ou apronte demais. Mas aí é que está filha: nós confiamos em você, que é uma menina inteligente e responsável. O problema são os outros.

 E, para mostrar que damos mesmo a você esse voto de confiança, eu e sua mãe decidimos deixá-la ir pra Serro Azul. Já ligamos para os pais da Karina e eles disseram que vão ficar de olho...

 Por favor, não fique mais chateada comigo e com sua mãe. Nós a amamos muito e só queremos o que é melhor para você e a Rebeca.

 Um beijo,
 Papai.

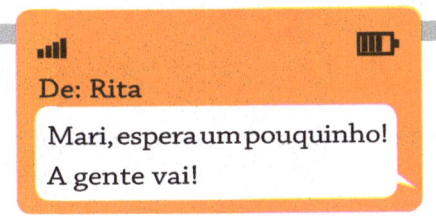

De: Rita
Mari, espera um pouquinho!
A gente vai!

Ana Paula Corradini.
Blog *da Ritoca*: relacionamentos e encrencas.
São Paulo: DCL, 2006.

Estudo do texto

Nas páginas anteriores, você acompanhou a comunicação virtual entre Ritoca e sua turma de amigos; Ritoca e seu pai; Ritoca e seu namorado. Para essa comunicação, eles utilizaram *e-mails* e mensagens instantâneas.

A linguagem utilizada nos *e-mails* e nas mensagens instantâneas é informal, o que pode ser comprovado pela presença de palavras e expressões como "vai até rolar", "vão ficar de olho", "muvuca", "gata", "playboyzada", "xuxis", "roubada forte", "quebrei o maior pau". Também estão presentes palavras que reproduzem a fala, como "né", "finoooo", "amigaaa", "afff". Em uma das mensagens, uma expressão é escrita com letras maiúsculas ("AI, VÊ SE ME ESQUECE!"), o que na linguagem virtual significa que a pessoa está gritando. Há também um recurso muito usado em comunicações virtuais informais que é a abreviação de palavras (uso da palavra "KK" para se referir à personagem Karina).

Produção de textos

Propomos a você que crie uma comunicação entre as personagens abaixo usando mensagens instantâneas de aplicativo de celular. A linguagem deve ser informal (você pode usar gírias, palavras que reproduzem a fala, *emojis*, abreviações, entre outros recursos). No conjunto, essa comunicação deve formar, como no texto lido, uma breve história.

Personagens:

- **Roberta** tem 14 anos. Adora mistérios. Tem um irmão que acha chatérrimo, o Júnior. É filha adotiva de tia Isa. Em sua casa mora a bisavó Vitória, de quem é a bisneta preferida.

- **Judite** tem 13 anos. Gosta de astros e de tarô. É filha de pais separados. Mora com a mãe, tia Marise, o padrasto e a irmã Lulu. O pai mora em São Paulo com o irmão dela e uma madrasta chatésima. Adora *rock*, é boa aluna, rebeldinha e tem quatro amigas com quem forma uma banda, a TPM.

- **João** tem 16 anos. Namora muito e muitas, e faz questão de que todos saibam disso. Quando faz alguma coisa, exagera ao contar e, se não faz, inventa ou insinua. É irmão de Palé e namorado de Dorinha.

- **Dorinha** tem 14 anos. É filha de pais bem casados. Tem preocupações ecológicas, é adepta da alimentação natural e da energia positiva. É apaixonada por João. Costuma usar muito as palavras no diminutivo, até os verbos.

Antes de começar a escrever, você deverá:

a) escolher o assunto da comunicação;

b) elaborar o roteiro da história: personagens que participarão e sequência das falas.

Ficha 2 — DIÁLOGO NAS REDES SOCIAIS

Autor(a): _____ Data: ___/___/___

Planejamento

Antes de começar a escrever, planeje seu texto. Preencha os dados a seguir.

Assunto da comunicação:
_____
_____

Roteiro:
_____
_____
_____
_____
_____
_____
_____
_____
_____
_____
_____

Escrita

Escreva a história por meio do diálogo entre as personagens. Escreva o rascunho no caderno.

Revisão

Faça uma revisão de sua história, observando os seguintes aspectos:

1. Uso de linguagem formal.
2. Coerência entre os textos, que devem formar, em conjunto, uma sequência narrativa com começo, meio e fim.

Edição final

Publique na internet a história que você criou. A turma também pode reunir todas as histórias criadas e publicar um livro com elas.

Oficina de escritores • 8º ano • Projeto C: Da fala para a escrita

3 DIÁLOGO NA HISTÓRIA EM QUADRINHOS

As histórias em quadrinhos (HQs) são narrativas compostas de linguagem verbal e não verbal. São formadas por quadrinhos dispostos em sequência, que costumam ser lidos da esquerda para a direita, e de cima para baixo.

Você vai ler a seguir duas tirinhas (HQs mais curtas) e uma história em quadrinhos.

TEXTO 1

— SABE? O HOMEM VEIO DO MAR...
— ...E ÀS VEZES ACHO QUE ELE QUER VOLTAR.

Fred Wagner. São Paulo, *Agora*, 14 ago. 1999.

TEXTO 2

Turma da Mônica

AH, BIDU! O CHATO NA NOSSA VIDA DE CASADOS É QUE DORMIMOS EM CASAS SEPARADAS!

Mauricio de Sousa. *O Estado de S. Paulo*, 23 maio 2008.

O REINO DE SBROW

Ivan Coutinho

— NADA ME IMPEDIRÁ DE CHEGAR AO REINO DE SBROW E ENCONTRAR JADE.

— VENCI TODOS OS OBSTÁCULOS. AGORA, PRECISO SALVÁ-LA!

— VOCÊ AINDA NÃO VENCEU!

— LIBERTE JADE OU DESTRUIREI TODOS OS SEUS DOMÍNIOS

— MAS ANTES ENFRENTARÁ A MAIOR DE TODAS AS FERAS

— HA HA HA...

HQ criada especialmente para a coleção *Oficina de escritores*.

Estudo do texto

Linguagem verbal e linguagem não verbal

Ao compor uma história em quadrinhos, o autor utiliza a linguagem verbal (palavras) e a linguagem não verbal (desenhos).

Por meio da linguagem verbal, o autor:

> reproduz a fala das personagens.

Por meio da linguagem não verbal, o autor:

> 1. caracteriza as personagens;
> 2. apresenta o lugar em que acontece a história;
> 3. mostra as ações e reações das personagens.

Para entender a importância da linguagem não verbal nas HQs, note que, no Texto 1, por exemplo, a expressão do peixe no primeiro quadrinho é de tristeza ao constatar a poluição do mar causada pelo ser humano. Também no Texto 2, pode-se notar, pela expressão do primeiro caracol, que ele está desiludido pelo fato de não viver na "mesma casa" que a companheira caracol.

Fala das personagens

A fala constitui o principal elemento de caracterização das personagens. Por meio dela, o leitor pode conhecê-las e compreender a progressão dos fatos.

Os quadrinhos "imitam" a língua falada mais até do que se poderia imaginar. A representação da oralidade está nas onomatopeias (palavras que imitam sons), no formato dos balões, nas palavras utilizadas, na tentativa de sintetizar os turnos conversacionais e elementos paralinguísticos (gestos, risos, gritos, choros, exclamações etc.). São muitas as semelhanças entre as situações tidas como "reais" e as apresentadas nos quadrinhos, mesmo que em contextos de produção completamente diferentes.

Balões

As falas das personagens, numa história em quadrinhos, são escritas em balões. De acordo com o tipo de fala – fala normal, pensamento, grito de medo, de raiva etc. –, os balões podem ter diferentes formatos. Observe, em histórias em quadrinhos, os diferentes tipos de balões que podem ser usados. Note que nos Textos 1 e 2 são usados balões com contornos diferentes para representar uma fala normal. No Texto 1, são utilizados balões com contorno quadrado, e no Texto 2, balão com contorno mais arredondado. Já no Texto 3, no penúltimo quadrinho, o autor usou um balão com contorno irregular para representar uma fala raivosa da personagem.

Leia, a seguir, algumas orientações sobre como fazer uma HQ.

Como fazer uma história em quadrinhos

Dicas de Evelyn Heine.

Um belo dia a professora chega na classe e pede:

— Queridos alunos, quero que vocês façam uma história em quadrinhos sobre um assunto qualquer!

E aí?

Para ajudar, criamos este conjunto de dicas.

É mais fácil do que muita gente imagina. Você vai até se orgulhar do seu talento!

Primeiro, um exemplo prático. Veja:

1. Primeiro quadrinho:

Desenho — Professora na frente da lousa.

Balão — Oi, classe! Quero que cada um faça uma história em quadrinhos!

2. Segundo quadrinho:

Desenho — Todos os alunos sentados em suas carteiras com cara de assustados.

Balão geral — OH, NÃÃÃO!

3. Terceiro quadrinho:

Desenho — *Close* de um menino ou menina (você), cara preocupada.

Balão — E agora?

Viu só?

Qualquer situação pode virar uma historinha legal. Elas estão aí por toda parte, acontecendo de verdade. A gente consegue usá-las à vontade, mudando, colocando piadinhas, exagerando, misturando fatos.

Para facilitar, primeiro faça um ROTEIRO, assim como o exemplo acima, colocando no papel como será a história toda.

Depois, faça as contas!

Isso mesmo. Veja quantos quadrinhos sua história inteira vai ter. Aí tente descobrir de quantas páginas ela precisa.

Exemplo: 12 quadrinhos.

Aí eu posso colocar em 2 páginas, 6 quadrinhos em cada uma.

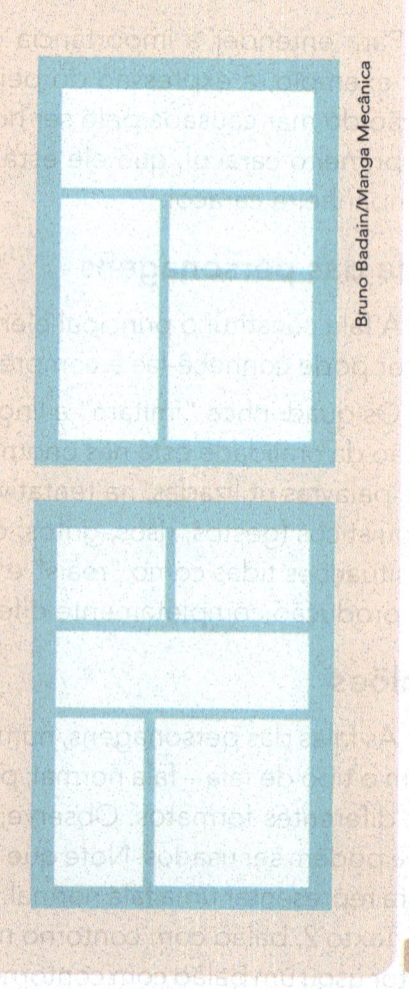

Bruno Badain/Manga Mecânica

Dividindo uma folha de sulfite ao meio, posso fazer uma CAPA na primeira página, deixar a história na segunda e terceira, colocar meu nome e ano na quarta, a última. Mas isto é só um exemplo. [...]

A "cara" da história

Ilustrações: Bruno Badain/Manga Mecânica

Quando você pensa na disposição e no formato dos quadrinhos, calculando as páginas, está fazendo uma coisa que se chama DIAGRAMAÇÃO.

"Diagramar" é decidir a forma e o tamanho dos quadrinhos, lembrando que um pode ser o dobro dos outros e ocupar uma tira inteira, por exemplo.

Outro pode ser pequeno, somente com um "som" do tipo "TUM", "CRÁS", "NHACT"...

Ai! Não sei desenhar!

Se você acha difícil desenhar ou inventar personagens, não se preocupe. Qualquer coisa que existe pode virar um personagem de quadrinhos. Mesmo bem simples. Basta um par de olhos, duas pernas ou qualquer característica dos seres humanos para "animar" algo que não tem vida.

Quer um bom exemplo? Uma esponja-do-mar virou um dos personagens mais famosos do mundo, não é mesmo? O criador do Bob Esponja foi muito criativo!

Projeto C • Da fala para a escrita

Então, comece a observar alguns personagens por aí. Nas propagandas, logotipos de empresas, mascotes de times de futebol...

Outra coisa: não precisa ser um desenho. Você pode fazer uma colagem para criar seu personagem. Um triângulo é o corpo, uma bola é a cabeça. Quem sabe até uma bola de futebol ou de basquete... se for um cara fanático por esportes...

Quando você começar, vai perceber que sua imaginação achará boas ideias.

Mão na massa!

Dica importante: para fazer cada quadrinho, **comece pelo texto (balões dos personagens)**.

Depois faça os desenhos. Sabe por quê? Porque, geralmente, a gente se empolga com o cenário, os personagens, e depois não cabem mais os balões. Fica tudo encolhido e ninguém consegue ler direito.

Outra sugestão:

Se quiser, faça os quadrinhos em papéis já recortados e depois cole-os numa folha preta, deixando espaços iguais entre eles.

Em vez de preta, escolha a cor que preferir, sempre contrastando com a dos quadrinhos para ficar legal.

Ilustrações: Bruno Badain/Manga Mecânica

As letras

Use apenas letras **MAIÚSCULAS**.

Capriche bem nas letras para ficarem mais ou menos do mesmo tamanho.

Você pode destacar palavras importantes ou gritos com cores mais fortes, assim como usamos o **NEGRITO (N)** no computador.

Escreva as letras antes de fazer o balão em torno delas.

O TRABALHO TEM QUE SER ENTREGUE AMANHÃ.

Tipos de balões

Ilustrações: Bruno Badain/Manga Mecânica

Onomatopeias

Hein? Isso mesmo: **"onomatopeias"** são palavras que imitam sons. Veja algumas delas.

Fora dos balões:

CRÁS! BANG TUM SOC

PING! TOC! TOC! TÓING

CHUAÇ! VUPT! DIM! DOM!

CABRUM!!

Ou dentro dos balões:

GLUP   NHAC!   BRRR!!!

GRRR!! CHUINF! BUÁÁ!

Final da história

O final é muito importante. É o desfecho do seu trabalho. Imagine que todo leitor gosta de uma surpresa no final.

Coloque a palavra "fim" no último quadrinho.

O título

Quando souber como será sua história, invente um título para ela. Lembre-se de deixar espaço no início da primeira página.

Disponível em: http://www.divertudo.com.br/quadrinhos/quadrinhos.html. Acesso em: 17 maio 2020.

Ilustrações: Bruno Badain/Manga Mecânica

Produção de textos

Com base nas reflexões sobre a linguagem das histórias em quadrinhos e nas orientações sobre como produzi-las, faça as atividades a seguir.

Além das orientações presentes neste livro, você pode consultar na internet outros *sites* que apresentam sugestões para criar esse gênero textual.

Ficha 3

DIÁLOGO NA HISTÓRIA EM QUADRINHOS

Autor(a): _____ Data: ___/___/___

1. Observe a sequência dos quadrinhos abaixo e as expressões faciais e ações das personagens. Imagine o que pode ter acontecido e crie um diálogo entre elas.

Ivan Coutinho

HQ criada especialmente para a coleção *Oficina de escritores*.

Oficina de escritores • 8º ano • Projeto C: Da fala para a escrita

2. Muitas vezes, nas histórias em quadrinhos, o autor consegue comunicar a mensagem sem apresentar para o leitor as falas das personagens. Veja um exemplo:

HQ criada especialmente para a coleção *Oficina de escritores*.

Nessa história, apenas com os desenhos o autor consegue sugerir ao leitor o que aconteceu, ficando subentendido o que as personagens podem ter falado.

Imagine que você fosse o autor dessa história. O editor da revista para a qual você escreve solicitou que sejam criadas as falas das personagens. Como ficaria a história? Refaça-a, acrescentando possíveis falas das personagens.

4 DIÁLOGO NA NARRATIVA

A fala constitui um dos elementos que permite ao leitor conhecer as personagens de uma história.

Nesta unidade, vamos identificar as diferentes possibilidades da fala de uma personagem e criar histórias em que diálogos sejam reproduzidos.

Para começar, leia o texto a seguir. Depois faça uma segunda leitura em voz alta, com entonação, procurando respeitar as pausas marcadas pelos sinais de pontuação.

TEXTO 1

A raposa e o príncipe

[...]
E foi então que apareceu a raposa:
— Bom dia, disse a raposa.
— Bom dia, respondeu polidamente o principezinho, que se voltou, mas não viu nada.
— Eu estou aqui, disse a voz, debaixo da macieira...
— Quem és tu? Perguntou o principezinho. Tu és bem bonita...
— Sou uma raposa, disse a raposa.
— Vem brincar comigo, propõe o principezinho. Estou tão triste...
— Eu não posso brincar contigo, disse a raposa. Não me cativaram ainda.
— Ah! Desculpa, disse o principezinho.
Após uma reflexão, acrescentou:
— Que quer dizer "cativar"?
— Tu não és daqui, disse a raposa. Que procuras?
— Procuro os homens, disse o principezinho. Que quer dizer "cativar"?
— Os homens, disse a raposa, têm fuzis e caçam. É bem incômodo! Criam galinhas também. É a única coisa interessante que eles fazem. Tu procuras galinhas?
— Não, disse o principezinho. Eu procuro amigos. Que quer dizer "cativar"?
— É uma coisa muito esquecida, disse a raposa. Significa "criar laços...".
— Criar laços?
— Exatamente, disse a raposa. Tu não és ainda para mim senão um garoto inteiramente igual a cem mil outros garotos. E eu não tenho necessidade de ti. E tu não tens também necessidade de mim. Não passo a teus olhos de uma raposa igual a cem mil outras raposas. Mas, se tu me cativas, nós teremos necessidade um do outro. Serás para mim único no mundo. E eu serei para ti única no mundo...
— Começo a compreender, disse o principezinho... Existe uma flor... eu creio que ela me cativou...

— É possível, disse a raposa. Vê-se tanta coisa na Terra...
— Oh! Não foi na Terra, disse o principezinho.
A raposa pareceu intrigada:
— Num outro planeta?
— Sim.
— Há caçadores nesse planeta?
— Não.
— Que bom! E galinhas?
— Também não.
— Nada é perfeito, suspirou a raposa.
Mas a raposa voltou à sua ideia:
— Minha vida é monótona. Eu caço galinhas e os homens me caçam. Todas as galinhas se parecem e todos os homens se parecem também. E por isso me aborreço um pouco. Mas se tu me cativas, minha vida será como que cheia de sol. Conhecerei um barulho de passos que será diferente dos outros. Os outros passos me fazem entrar debaixo da terra. O teu me chamará para fora da toca, como se fosse música. E depois, olha! Vês, lá longe, os campos de trigo? Eu não como pão. O trigo para mim é inútil. Os campos de trigo não me lembram coisa alguma. E isso é triste! Mas tu tens cabelos cor de ouro. Então será maravilhoso quando me tiveres cativado. O trigo, que é dourado, fará lembrar-me de ti. E eu amarei o barulho do vento no trigo...

A raposa calou-se e considerou por muito tempo o príncipe:
— Por favor... cativa-me! Disse ela.
— Bem quisera, disse o principezinho, mas eu não tenho muito tempo. Tenho amigos a descobrir e muitas coisas a conhecer.
— A gente só conhece bem as coisas que cativou, disse a raposa. Os homens não têm mais tempo de conhecer coisa alguma. Compram tudo prontinho nas lojas. Mas como não existem lojas de amigos, os homens não têm mais amigos. Se tu queres um amigo, cativa-me!
— Que é preciso fazer?, perguntou o principezinho.
— É preciso ser paciente, respondeu a raposa. Tu te sentarás primeiro um pouco longe de mim, assim, na relva. Eu te olharei pelo canto do olho e tu não dirás nada. A linguagem é uma fonte de mal-entendidos. Mas, cada dia, te sentarás mais perto...

No dia seguinte o principezinho voltou.
— Teria sido melhor voltares à mesma hora, disse a raposa. Se tu vens, por exemplo, às quatro da tarde, desde as três eu começarei a ser feliz. Quanto mais a hora for chegando, mais eu me sentirei feliz. Às quatro horas, então, estarei inquieta e agitada: descobrirei o preço da felicidade!
[...]

Antoine de Saint-Exupéry, *O Pequeno Príncipe*. 12. ed. Rio de Janeiro: Agir, 1966.

Estudo do texto

Presença das falas das personagens

Em qualquer história – romance, conto, filme, peça de teatro, novela etc. –, o elemento mais importante são as personagens. Você, como leitor, passa a conhecer as personagens por meio dos aspectos a seguir.

1. Ações: o que as personagens fazem.
2. Falas: o que elas falam.
3. Características: como elas são, física e psicologicamente.
4. Lugar: onde elas vivem.

Em alguns tipos de histórias – por exemplo, telenovela, filme, peça de teatro –, a fala é o elemento mais presente. Ações, características e lugar são revelados, sobretudo, pela linguagem visual.

Em histórias contadas por meio da língua escrita – por exemplo, conto, lenda, fábula, romance, história em quadrinhos, anedota –, nas quais o autor tem que apresentar para o leitor o que as personagens fazem (ação), onde estão (ambiente), como são (características físicas e psicológicas), a fala nem sempre é o elemento mais presente. O autor escolhe quais falas das personagens vai reproduzir e como vai reproduzi-las (discurso direto, discurso indireto). Há histórias em que as personagens falam muito, e a fala torna-se elemento importante no texto; em outras, no entanto, o autor reproduz poucas falas das personagens, ou elas nem aparecem reproduzidas.

No texto "A raposa e o príncipe", por exemplo, por meio das falas das personagens, que são muito significativas, podemos conhecer tanto essas personagens quanto o desenvolvimento da própria história. O texto está em discurso direto, ou seja, o narrador — narrador-observador, em 3ª pessoa — reproduz as falas das personagens. Para reproduzir as falas do Pequeno Príncipe e da raposa, o narrador usa verbos de enunciação, que aparecem sempre depois das falas, como pode ser observado em:

> — Que é preciso fazer?, perguntou o principezinho.

Objetivo das falas das personagens

Ao ler uma história, podemos ter a impressão de que as personagens falam exatamente como na vida real. Na verdade, o autor realiza um cuidadoso trabalho de seleção das falas, de acordo com o problema abordado na história. Por esse motivo, as falas ajudam a caracterizar psicologicamente as personagens e, ao mesmo tempo, emprestam à história mais realismo.

Reprodução das falas

Ao reproduzir as falas das personagens (discurso direto), o autor, em geral, pode escolher entre as duas possibilidades a seguir.

Primeira possibilidade: introduzir a fala em parágrafo, antecedida de travessão. É o caso do texto "A raposa e o príncipe" e do texto que você vai ler a seguir.

O menino sem imaginação

Papai entrou em casa todo molhado e minha irmã foi logo dizendo:
— Parece um pinto pelado, não parece?
Eu disse que sim para encurtar a conversa, mas para mim ele parecia com o que sempre foi: nosso pai, só que todo molhado.
Papai vestiu o mesmo "uniforme" da Copa anterior, guardado para a ocasião, e instalou-se na sua poltrona. Eu, Maria e mana sentamos no tapete; mamãe e vovô no sofá, e titia, que fica sempre com as sobras, na cadeira dura. O juiz chamou os dois capitães e atirou a moeda para o alto.
— Pra que eles estão tirando cara ou coroa? — mamãe iniciava sua série de perguntas.
— Para escolher o lado do campo — respondeu papai com uma calma contida.
— Mas os dois lados não são iguais? — agora era titia.
Antes que alguém achasse um lado maior do que o outro, abrindo uma interminável discussão, papai falou grosso e pediu silêncio. No meio do silêncio entrou a voz de Maria:
— Por que o juiz está todo de preto?
Papai não aguentou e respondeu:
— Ele perdeu a mãe!
O juiz de luto apitou o início da partida. Maria fez figa, mamãe fez o sinal da cruz, papai fez um gesto de incentivo e Deus fez a maior sujeira: desligou a Natureza.
Ficou tudo no escuro.

Carlos Eduardo Novaes. *O menino sem imaginação*. 13. ed. São Paulo: Ática, 2007.

Segunda possibilidade: introduzir a fala em parágrafo, marcando o começo e o fim dela com aspas. É o caso do texto seguinte.

3 de janeiro

Antes de me encontrar com Henriette para irmos, com a mãe dela, a uma festinha nojenta de aniversário, procurei no jornal o telefone do teatro onde estão encenando "As três irmãs".

"Que surpresa agradável", disse Lucia, com uma sedutora voz teatral.

"Saí do teatro e não consegui tirar você do meu pensamento. Quando fui dormir sonhei com você."

"É mesmo?" Lucia deu uma risada curta.

"É a pura verdade. Pode acreditar em mim."

"E se eu disser que também pensei em você?"

Respondo que isso me deixa muito feliz.

"Gostaria de me encontrar com você para conversarmos um pouco."

"Cuidado. Sou uma mulher carente, vulnerável. Minha mãe morreu quando eu tinha quinze anos. Foi uma perda muito grande para mim."

Fiquei calado. Ela interpretou meu silêncio como timidez, pensou que eu ia fugir e desistiu de bancar a difícil:

"Está bem. Quando?"

"Segunda-feira?"

"Anota o meu celular, para combinarmos. O contrarregra está me chamando. Uma coisa: meu nome não é Lúcia. É Lucia. Lutchía, à italiana, foi tirado da Lucia de Lammermoor."

Estou treinando a forma dialogada de escrever. Tenho um bom ouvido, acho que estou indo bem, mas depois, na minha ficção, pretendo usá-la com extrema parcimônia. O diálogo é sabidamente um recurso de escritores medíocres.

Rubem Fonseca. *Diário de um fescenino*.
São Paulo: Nova Fronteira, 2011.

Embora essa segunda possibilidade seja aceitável, é mais comum o uso da primeira. Na escrita de um texto, deve-se evitar a utilização das duas possibilidades ao mesmo tempo.

Produção de textos

Ao contar uma história, você, como narrador, pode relatar as ações, as falas e os pensamentos das personagens. Escreva os textos das atividades 1 e 2 no caderno, unindo as diferentes partes.

Atividade 1

Parte A – As ações das personagens

> O filho pula de alegria. Achou que o pai simplesmente adivinhava seu desejo.
>
> A mãe enfeita o menino. Ele põe uma roupa mais à vontade.
>
> O menino concorda.
>
> Saem de mãos dadas. Gérson tem sete anos. Há sete espera a irmã que lhe prometem. O ônibus está vazio. Podem escolher lugar. O menino muda de banco seguidamente. De uma janela para outra, atrás, na frente, perturba o motorista.
>
> O menino levanta, anda pelo corredor esfregando a mão no encosto dos bancos, vazio. Esbarra nas costas do motorista.
>
> Chico Anysio. *O enterro do anão*. São Paulo: José Olympio, 1973.

Parte B – As falas das personagens

> — Quer ir ao circo?
> — Peça à sua mãe pra lhe vestir.
> — Vamos na geral. Circo é bom é na geral.
> — Fica bonzinho aí.
> — Vem pra cá, Gérson.
> — Tem fera?
> — Não sei. Lá a gente vê.
> — Tem trapézio?
> — Deve ter, deve ter.
> — Fica quieto, oh, garoto!..
> — Vem cá, Gérson, não atrapalha o moço.
>
> Chico Anysio. *O enterro do anão*. São Paulo: José Olympio, 1973.

Atividade 2

Parte A – As ações das personagens

> Cláudio está assistindo à aula. A professora escreve na lousa. Cláudio presta atenção na conta de matemática: "Numa fazenda, há 50 bois e..."
>
> O menino levanta meio sem jeito. Olha para os lados. Tropeça na carteira, quase cai e chega até a lousa.
>
> Ele passa a mão na cabeça. Olha os números.
>
> Não ouviu direito o que a professora disse. Foi para o seu lugar. Sentou-se triste e pensativo.

Parte B – As falas das personagens

> A professora fala:
> — Venha até a lousa, Cláudio!
> — Faça a conta, Cláudio.
> — Vamos, faça logo esta conta.
> — Não sei, prô.
> — Você não entendeu?
> — É que estou com um pouco de dor de cabeça.
>
> Texto especialmente escrito para esta coleção.

Parte C – Os pensamentos das personagens

> Que gostoso correr no pasto da fazenda. Andar a cavalo, tirar leite...
>
> O que ele vai falar para a professora? Vai dizer que não prestou atenção. Não, isso não!
>
> Como se faz esta conta? Mas por que não prestou atenção? Por que tinha de ficar pensando nos bois da fazenda?
>
> Seria bem melhor estar na fazenda!
>
> Texto especialmente escrito para esta coleção.

Proposta

Com base nas fotos a seguir, escreva uma pequena história. Reproduza nela algumas falas das personagens.

Ficha 4 — DIÁLOGO NA NARRATIVA

Autor(a): _____ Data: ___/___/___

Planejamento

Antes de começar a escrever o possível diálogo entre as personagens das fotos, organize alguns dados.

Personagem A (nome, idade, características marcantes)

_____

_____

Personagem B (nome, idade, características marcantes)

_____

_____

Assunto (fio condutor da história)

_____

_____

Escrita

Ao escrever seu texto, procure reproduzir as falas significativas, isto é, aquelas que acrescentam novos dados à história e, ao mesmo tempo, estão relacionadas ao problema central vivido pelas personagens.

_____

_____

_____

_____

_____

_____

_____

_____

_____

_____

_____

Oficina de escritores • 8º ano • Projeto C: Da fala para a escrita

Revisão

Ao revisar seu texto, observe atentamente as falas das personagens. Verifique se há falas que podem ser eliminadas ou abreviadas; se estão relacionadas com o assunto da conversa; se foi empregado corretamente o travessão em parágrafo para indicar as falas. Para os demais itens, você pode guiar-se pelo **Roteiro de revisão** abaixo.

Roteiro de revisão	Avaliação do autor		Avaliação do leitor	
	SIM	NÃO	SIM	NÃO
Gênero textual				
1. O texto atende às características do gênero narrativo?				
2. É empregado o discurso direto na reprodução da fala das personagens?				
Coerência				
1. O texto atende à proposta?				
2. Há sequência coerente entre as falas?				
3. São selecionadas as falas mais significativas para o texto?				
Coesão				
1. São empregados recursos linguísticos que dão continuidade ao texto?				
2. As frases estão construídas com clareza e com vocabulário preciso?				
Adequação à norma-padrão				
1. O texto respeita as convenções da escrita (ortografia e acentuação) e as normas gramaticais (pontuação, concordância, regência, colocação pronominal)?				
Edição do texto				
1. O texto apresenta legibilidade, uniformidade de margens e ausência de rasuras?				

Comentários do leitor (colegas e/ou professor):
_____
_____
_____
_____
_____
_____
_____
_____

Autor(a): _____

Oficina de escritores • 8º ano • Projeto C: Da fala para a escrita

Reescrita

Edição final

Com base nas observações, nos comentários e nas eventuais correções sugeridas pelo leitor, prepare a edição final de seu texto.

5 DIÁLOGO NA ENTREVISTA

A entrevista constitui uma das principais fontes de informação de um jornal ou de uma revista.

Nesta unidade, vamos ver como é feita a organização de um texto de entrevista publicado em jornais ou revistas e os cuidados que se devem ter ao fazer ou redigir uma entrevista.

Para começar, leia a entrevista a seguir com o criador de um personagem de tirinhas muito famoso.

"Garfield é um sucesso porque ele só come e dorme"

Jim Davis, o criador do gato, afirma que a popularidade surgiu porque ele foge de comentários políticos e sociais

Personagem é tema de livro, de desenhos animados e estrelará longa que chega aos cinemas brasileiros em março do ano que vem

MARCO AURÉLIO CANÔNICO
DA REPORTAGEM LOCAL

Ele é um fenômeno: gordo, preguiçoso, mal-humorado e cruel. Mesmo assim, frequenta a casa de milhões de pessoas há 30 anos. Garfield, o gato marrento criado por Jim Davis em 1978, chega às três décadas com motivos para manter a empáfia: sua tira, publicada na *Folha* e em mais de 2.500 jornais, é das mais populares do mundo. O personagem é uma máquina de dinheiro: está presente em 111 países e fatura globalmente, segundo seus administradores, quase US$ 5 bilhões por ano em produtos licenciados – 20% desse valor apenas no mercado brasileiro, onde estreou em outubro de 1985.

Jim Davis no lançamento de "Garfield – O filme" em junho de 2004.

    Para comemorar, ele ganha um livro, "Garfield – 30 Years of Laughs & Lasagna: The Life & Times of a Fat, Furry Legend!" ("30 anos de gargalhadas e lasanha", que está sendo negociado para publicação no Brasil), e uma série de desenhos animados, já comprada pelo Cartoon Network e pela Record e que deve estrear nos próximos meses. Também terá um longa de animação, "A Festa do Garfield", que chega aos cinemas brasileiros em março.
    A *Folha* conversou, por *e-mail*, com Jim Davis, 63, o homem que ainda cuida pessoalmente de cada tirinha do gato que criou inspirado em seu avô. Para ele, o sucesso do personagem é facilmente explicável: "Comer e dormir são coisas que todos fazem. Além disso, por ser um gato, ele pode ser de qualquer raça, etnia e religião".

FOLHA – Por que o sr. deu ao personagem o nome de seu avô?
JIM DAVIS – Tinha seis anos quando meu avô Davis morreu, mas minhas lembranças dele são vívidas. Ele era um homem grande, com um colo imenso. Parecia ranzinza por fora, mas, por dentro, tinha um coração mole. Era assim que eu imaginava o Garfield. Ele é fanfarrão, mas, no fundo, é um bom gato.

FOLHA – Há muitos paralelos entre os personagens e as situações de "Garfield" e sua vida real? Sua personalidade entra na sua criação?
DAVIS – Eu me identifico particularmente com Jon Arbuckle, o dono do Garfield. Quando estou escrevendo [histórias] para Jon, tudo que preciso fazer é me lembrar de meus dias de namoro na época do colégio. Eu era o que mais levava foras! Sempre esperava até o último minuto antes de chamar alguma garota para sair, não tinha

dinheiro para bancar um encontro de verdade. Mas, tudo bem, não dá para não gostar do Jon, porque ele sempre olha o lado positivo das coisas.

FOLHA – Quais foram suas inspirações como artista?
DAVIS – Quando criança, adorava o "Steve Canyon", de Milton Caniff. Ele me abriu para mundos que eu não sabia que existiam. "Peanuts", do Charles Schulz, foi minha maior inspiração. Amava seu humor sutil e seu traço simples. Schulz sabia ver o mundo com olhos de criança, ele me ensinou o incrível poder de tratar com leveza as coisas simples da vida.

FOLHA – Houve uma era de ouro do "Garfield"?
DAVIS – Honestamente, gostei de cada ano. Às vezes revejo algumas tiras e lembro, "este foi o ano em que fiz uma operação na coluna". Consigo rever minha vida olhando o que ocorreu nas tirinhas. Espero que a era de ouro ainda esteja por vir, mas, em termos da existência da tira, o melhor dia foi aquele em que recebi telefonema do sindicato de HQs dizendo que tinham selecionado "Garfield".

FOLHA – O sr. pensou no que faria para a tira ser universal?
DAVIS – Mantive as tirinhas livres de comentários políticos ou sociais. Ela é impressa no mundo todo, quero que as pessoas se identifiquem com ela independentemente de seus ideais políticos, por isso me ative à comida e ao sono [como temas]. Todo mundo come, todo mundo dorme, mas nem todo mundo vai se interessar por minha visão de mundo. Só estou querendo entreter as pessoas.

FOLHA – Como Garfield envelheceu à medida que o sr. envelhecia?
DAVIS – Há muito mais piadas sobre idade na tirinha. Garfield se dá conta de sua idade uma vez por ano, em seu aniversário, em 19/6. Assim como eu, ele fica progressivamente mais resmungão cada vez que ganha mais um ano. Garfield se recusa a crescer, e minha mulher diria o mesmo de mim.

FOLHA – Garfield é famoso por ser comilão e gordo. Com a obesidade se transformando em um grave problema de saúde nos EUA, o sr. passou a receber muitas reclamações?
DAVIS – Algumas, mas a maioria das pessoas perdoa os maus hábitos de Garfield porque ele é um gato. Recebi um telefonema de alguém que achava que o Garfield deveria fazer um vídeo de exercícios para compensar os maus hábitos. Garfield e exercícios, é forçar a barra.

FOLHA – Com que frequência o sr. desenha? Planeja se aposentar?
DAVIS – Uma vez por mês me reúno com dois assistentes e trocamos ideias, rimos. Nos concentramos nisso por três ou quatro dias. Ainda escrevo os roteiros, mas tenho ajuda para desenhar. Não planejo me aposentar por ora.

FOLHA – A tecnologia mudou a maneira como o sr. cria?

DAVIS – Mudou o modo como fazemos quase tudo, mas ainda começamos com um rascunho de lápis em papel, depois desenhamos em uma cartolina e aí recebe contorno de tinta e as letras. O computador só entra no processo quando ele é digitalizado, colorido e distribuído.

FOLHA – Que impacto a internet teve nos cartuns?

DAVIS – Um impacto imenso. Adoro jornais e ainda gosto de virar as páginas, mas muita gente procura por notícias e cartuns *on-line*. Nos demos ao trabalho de criar um mecanismo de busca para as tiras do Garfield, para que fosse possível digitar a palavra "café", por exemplo, e achar inúmeras tirinhas que falam disso. Além disso, ela está disponível *on-line* em espanhol. Um dia desses vai ser divertido animar cada tirinha. A outra coisa que a internet fez foi democratizar os cartuns. Qualquer um pode publicar sua tira.

FOLHA – Do que o sr. se lembra de suas visitas ao Brasil?

DAVIS – Estive aí duas vezes, tive um jantar memorável com Mauricio de Sousa. Recebo muita correspondência do Brasil, as pessoas parecem se identificar bastante com Garfield.

Folha de S.Paulo, São Paulo, 1º dez. 2008. Disponível em: https://noticias.bol.uol.com.br/entretenimento/2008/12/01/ult4738u17605.jhtm. Acesso em: 17 maio 2020.

Estudo do texto

Elementos e objetivos de uma entrevista

Numa entrevista, estão presentes os seguintes elementos:

1. Entrevistador: pessoa que faz as perguntas (no caso da entrevista que você leu, o entrevistador é Marco Aurélio Canônico, da *Folha de S.Paulo*).
2. Entrevistado: pessoa que responde às perguntas (no caso da entrevista lida, o entrevistado é Jim Davis, criador do personagem Garfield).

A entrevista constitui uma das fontes de informação de um jornal ou de uma revista e está presente, direta ou indiretamente, na maioria das notícias e das reportagens que publicam.

A finalidade de uma entrevista é permitir que o leitor conheça opiniões, ideias, pensamentos e observações de personagens da notícia ou de pessoas de destaque em diferentes áreas (artes, economia, política etc.).

Na realização de uma entrevista, é interessante elaborar um roteiro de informações sobre o entrevistado e sobre o tema que será abordado. Com esse material em mãos, reflete-se sobre o objetivo que se pretende alcançar. Um bom caminho é redigir perguntas tão específicas quanto possível. Perguntas genéricas podem resultar em entrevistas tediosas.

Etapas de uma entrevista

Uma entrevista envolve as etapas a seguir.

1. Preparação

Para realizar uma entrevista, é necessário determinar, primeiro, qual é o objetivo a ser alcançado, isto é, o que se pretende saber com a entrevista.

Por exemplo, se a pessoa a ser entrevistada for um guarda rodoviário ou um cobrador de ônibus, um diretor de colégio, um escritor ou um jornalista, é necessário saber de antemão que informação se deseja obter dessa pessoa. No caso da entrevista lida, o objetivo era conversar com Jim Davis sobre a personagem Garfield.

Após ter escolhido o entrevistado e definido o objetivo da entrevista, passa-se à elaboração das perguntas.

Na elaboração da entrevista, é importante seguir as regras abaixo.

1. Marque a entrevista com antecedência.

2. Informe o entrevistado sobre a duração e o teor da entrevista.

3. Informe-se o máximo possível sobre o assunto da entrevista.

4. Evite perguntas muito longas.

5. Elabore perguntas claras e objetivas.

6. Evite perguntas cujas respostas sejam simplesmente "sim" ou "não".

7. Elabore perguntas que estejam relacionadas ao conhecimento e à vivência do entrevistado. Por exemplo: você não vai perguntar a um jogador de futebol sobre o efeito estufa e sua consequência no degelo dos polos.

8. Anote, grave ou filme a entrevista. Desse modo, será possível reproduzir com fidelidade tudo o que for dito.

2. Execução

Pode-se realizar a entrevista de duas formas:

a) Entrevista oral

O entrevistador mantém com o entrevistado contato pessoal. A entrevista oral é interessante porque permite ao entrevistador questionar com mais profundidade o entrevistado, solicitando explicações para determinadas declarações.

A entrevista oral pode ser individual (se for realizada por apenas uma pessoa) ou coletiva (se for realizada por várias pessoas).

b) Entrevista escrita

Deve ser realizada quando não há possibilidade de contato pessoal com o entrevistado. A entrevista que você leu, por exemplo, foi feita por *e-mail*.

Enviam-se as questões ao entrevistado, pedindo-lhe que faça a gentileza de responder.

3. Avaliação

Após ter sido realizada a entrevista, deve-se fazer uma verificação, considerando-se os seguintes itens:

a) Os objetivos propostos foram alcançados?
b) A entrevista trouxe novos conhecimentos ao entrevistador? Quais?
c) O entrevistador ficou satisfeito com a entrevista? Por quê?

Edição de uma entrevista

Uma entrevista pode ser editada de duas formas:

1. **Forma indireta:** as falas do entrevistado aparecem no corpo da matéria jornalística. Para transcrever falas literais (como foram ditas pelo entrevistado), usam-se aspas. Veja, a seguir, um texto jornalístico elaborado com base em uma entrevista feita pelo repórter.

> ### Motorista "foge" com caminhão-pipa para ajudar bairro sem água em SP
>
> Na manhã do dia 14 de outubro, o motorista de caminhão Fábio Roberto dos Santos, 37, chegou ao local onde trabalha, em Diadema (Grande SP), abasteceu o caminhão-pipa, mas não o levou para atender as demandas da empresa como de costume. Sem pedir autorização, ele dirigiu até o Jardim Novo Pantanal (Zona Sul de SP), onde mora, e distribuiu 16 mil litros d'água para cerca de 800 pessoas. O bairro estava sem água havia quatro dias.
>
> "Amanhã eu vou dar um jeito", disse Fábio para a mãe um dia antes, na noite de segunda-feira, dia 13. Ao G1, o motorista contou que considerou a possibilidade de advertência, suspensão e até demissão, e mesmo assim decidiu seguir em frente com o plano de socorro aos vizinhos. "A vontade de ajudar o pessoal lá falou mais alto", disse. Na sexta-feira, dia 10, começou a faltar água no bairro.
>
> [...]
>
> Ele conta que antes de estacionar o caminhão, a fila começou a se formar na rua. "As pessoas antes mesmo de eu encontrar lugar para parar já saíam com o balde na mão, um negócio absurdo". Fábio disse que não imaginou que fosse aparecer tanta gente e teve receio que algo pudesse acontecer. "Fiquei com medo de perder o controle da situação, as pessoas tomarem posse do caminhão, coisas desse tipo."
>
> [...]
>
> G1, 31 out. 2014. Disponível em: http://g1.globo.com/sao-paulo/noticia/2014/10/motorista-foge-com-caminhao-pipa-para-ajudar-bairro-sem-agua-em-sp.html. Acesso em: 18 maio 2020.

2. **Forma direta**: pergunta e resposta (pingue-pongue). A entrevista que você leu com Jim Davis foi escrita desse modo. Usa-se essa forma de edição quando o entrevistado está em evidência especial ou diz coisas de particular importância.

Leia a seguir os comentários do "Manual da redação", da *Folha de S.Paulo*, sobre esse tipo de entrevista.

Entrevista pingue-pongue

Publicada na forma de perguntas e respostas. Exige texto introdutório contendo a informação de mais impacto, breve perfil do entrevistado, e outras informações, como local, data e duração da entrevista e resumo do tema abordado. Eventualmente, algumas dessas informações podem ser editadas em texto à parte.

O trecho com perguntas e respostas deve ser uma transcrição fiel, mas nem sempre completa, da entrevista. Selecione os melhores trechos. Corrija erros de português ou problemas da linguagem coloquial quando for imprescindível para a perfeita compreensão do que foi dito. Mas não troque palavras ou modifique o estilo da linguagem do entrevistado. Se relevantes, eventuais erros ou atos falhos do entrevistado podem ser destacados com a expressão latina *sic* entre parênteses. Restrinja o uso desse recurso.

Manual da redação. *Folha de S.Paulo*. São Paulo: Publifolha, 2011. Disponível em: https://www1.folha.uol.com.br/folha/circulo/manual_producao_e.htm. Acesso em: 17 maio 2020.

Edição e transcrição

Quase nunca as entrevistas que aparecem nos jornais e revistas são reproduzidas exatamente como aconteceram. O repórter pode, por exemplo, reorganizar as respostas do entrevistado, eliminar marcas de oralidade (como a palavra "né"), escrever as respostas de maneira mais objetiva e concisa. Esse processo de reorganização do texto recebe o nome de **edição**.

Observe a transcrição de uma resposta que a psicóloga Terezinha Nunes deu ao jornalista Ricardo Flazetta sobre o conceito de proporção. O texto tem marcas típicas da oralidade:

> "... Então se você diz assim: uma manga custa 1 real e 10. Tá muito cara essa manga? Não sei quanto custa uma manga. Uma manga, vamos dizer, custa 90 centavos. Isso já é uma relação entre duas variáveis: a quantidade de mangas e o preço."

Na entrevista publicada na revista *Nova Escola* em 1º de abril de 2003 (disponível em: https://novaescola.org.br/conteudo/958/e-hora-de-ensinar-proporcao, acesso em: 17 maio 2020), a resposta ficou mais concisa e objetiva:

> "Quando dizemos que uma manga custa 1,10 real, temos uma relação entre duas variáveis, a quantidade de mangas e o preço."

Produção de textos

1. O texto a seguir é uma entrevista que um aluno do 3º ano fez com uma pessoa. O garoto, distraído, escreveu apenas as respostas. Que perguntas ele pode ter feito ao entrevistado? Escreva-as no caderno.

   Entrevistador – ********* ?
   Entrevistado – Setenta e oito anos.
   Entrevistador – ********* ?
   Entrevistado – Numa moradia para pessoas da terceira idade.
   Entrevistador – ********* ?
   Entrevistado – Eu gosto de passear e ficar conversando com as pessoas.
   Entrevistador – ********* ?
   Entrevistado – Me lembro de quando tinha 20 anos, passeava perto do mar e me encantava com o barulho das ondas batendo nas pedras.
   Entrevistador – ********* ?
   Entrevistado – Trabalhei em várias coisas. Primeiro vendia peixes na feira. Depois fui vendedor ambulante e por último fui carteiro.
   Entrevistador – ********* ?
   Entrevistado – Às vezes me sinto feliz; outras vezes, fico um pouco triste, mas eu não sei dizer por quê. Talvez porque me lembro daqueles anos que nunca mais vão voltar.
   Entrevistador – ********* ?
   Entrevistado – Fui muito pouco à escola. Aprendi a ler e a escrever com 9 anos. Eu gostava de ler e reler um único livro que tinha em casa.
   Entrevistador – ********* ?
   Entrevistado – Eu gostaria muito de visitar a sua escola e conversar um pouco com vocês.
   Entrevistador – Obrigado por sua atenção e carinho. Espero revê-lo logo.
   Entrevistado – Muito obrigado.

2. Reúna-se com seu grupo. Façam uma entrevista com uma pessoa que, por algum motivo, vocês julguem interessante. Pode ser alguém que faça um trabalho muito importante, mas desconhecido para boa parte das pessoas. Pode ser também alguém que tenha ideias consideradas inovadoras. Ou talvez uma pessoa com quem vocês convivem diariamente.

Ficha 5

DIÁLOGO NA ENTREVISTA

Autor(a): _____   Data: ___/___/___

Planejamento

1. Escolham a pessoa que será entrevistada.
2. Marquem a entrevista com a pessoa por telefone, *e-mail* ou por mensagem instantânea de aplicativo de celular.
3. Preparem as perguntas que serão feitas.

Roteiro de perguntas

_____
_____
_____
_____
_____
_____
_____
_____
_____
_____
_____
_____
_____
_____
_____
_____
_____
_____
_____
_____
_____
_____
_____
_____

4. Façam a entrevista. Vocês podem anotar, gravar as respostas ou filmar a entrevista. Se houver possibilidade, fotografem.

Oficina de escritores • 8º ano • Projeto C: Da fala para a escrita

Escrita

Selecione as perguntas e as respostas mais interessantes e escreva o texto da entrevista.

Revisão

Ao revisar seu texto, verifique se podem ser feitos cortes ou substituições na entrevista, se é necessário modificar frases para torná-las mais claras, sem alterar o conteúdo.

Para uma revisão completa da entrevista, você pode guiar-se pelo **Roteiro de revisão** abaixo.

Roteiro de revisão	Avaliação do autor		Avaliação do leitor	
	SIM	NÃO	SIM	NÃO
Gênero textual				
1. O texto atende à estrutura do gênero entrevista?				
2. O título consegue sintetizar o assunto principal da entrevista e, ao mesmo tempo, atrair a atenção do leitor?				
3. A edição e a diagramação facilitam a leitura do texto?				
Coerência				
1. As perguntas focalizam aspectos importantes sobre o entrevistado?				
2. Há sequência entre as partes e predomina uma ideia central no texto?				
Coesão				
1. São empregados recursos linguísticos que dão continuidade ao texto?				
2. As frases são construídas com clareza e vocabulário adequado?				
Adequação à norma-padrão				
1. O texto respeita as convenções da escrita (ortografia e acentuação) e as normas gramaticais (pontuação, concordância, regência, colocação pronominal)?				
Edição do texto				
1. O texto apresenta legibilidade, uniformidade de margens e ausência de rasuras?				

Comentários do leitor (você ou um colega):

_____
_____
_____
_____
_____
_____
_____
_____

Autor(a): _____

Reescrita

Edição final

1. Publiquem o texto da entrevista em um jornal mural ou no jornal da escola.
2. A critério do professor, vocês podem reunir as entrevistas dos grupos e fazer uma coletânea delas.
3. Se houver possibilidade, enviem as entrevistas ao jornal da cidade ou do bairro para serem publicadas.

6 DIÁLOGO NO TEATRO

A fala da personagem é o elemento mais importante de um texto teatral.

Nesta unidade, você vai conhecer como o autor informa a fala da personagem, a marcação cênica, a entonação, o cenário e o figurino.

Veja a seguir o que o dramaturgo brasileiro Jorge Andrade declarou sobre o processo de criação de um texto teatral.

> Ninguém inventa do nada. Tudo se encontra em nossa volta, vivendo e se impondo nas formas mais variadas. O mundo que trazemos em nós é só o que conseguimos ver. Quanto maior a capacidade de sentir, maior e mais válida a memória, maior e mais justa a visão, mais humanos e mais eternos os símbolos e mais universal a mensagem. Só a capacidade de ver e sentir é que é pessoal e intransferível. O resto é um bem ou um mal comum. A transposição, a interpretação, os símbolos criados é que irão determinar o valor da temática e a visão do autor.
>
> Jorge de Andrade. *Marta, a árvore e o relógio*. 2. ed. São Paulo: Perspectiva, 1986.

Desde tempos remotos, o teatro faz parte da cultura dos povos. É um modo de expressar e interpretar a vida. Faz rir, chorar, celebra, critica. Também revela costumes, crenças, ideias que vigoram em determinada época e que podem ultrapassar a barreira do tempo.

Você vai ler a seguir duas cenas de uma peça escrita por Martins Pena, considerado o mais importante autor teatral brasileiro do século XIX. Nela, uma moça chamada Quitéria procura sair de uma situação imposta pelos costumes da época e que contraria sua vontade. Conheça esse conflito.

A família e a festa na roça

CENA VII – (Juca e Quitéria)

JUCA, *pegando na mão de Quitéria* – Enfim, Quitéria, estamos sós e posso perguntar-te como passaste, e se tiveste saudades minhas.

QUITÉRIA, *com vergonha* – Eu passei bem; saudades, tive muitas.

JUCA – Meu amor!

QUITÉRIA, *no mesmo* – Depois que você foi para a cidade no fim das férias, eu já estive em S. João de Itaboraí dous dias. Depois voltei e tenho sempre pensado em você, e o esperava com alegria; porém hoje já não tenho prazer. (*Chora.*)

JUCA – Choras? Que tens?

QUITÉRIA – Meu pai disse que está à espera do Antônio do Pau d'Alho para casar comigo.

JUCA – Quê! Casar contigo aquele urso?

QUITÉRIA – Meu pai assim o quer.

JUCA – Veremos. Era o que faltava! Casares-te com um animal daqueles, que ainda há oito dias vi de sentinela na porta do quartel do Campo de Santana, que parecia mesmo um cágado.

QUITÉRIA – Mas que havemos de fazer?

JUCA, *depois de pensar um momento* – Ouve: quando chegar o teu pretendido noivo, e falarem em casamento, finge-te de doente, desmaia, treme; enfim, faze-te de doente, como uma mulher é capaz de fazer quando quer, e deixa o mais por minha conta.

QUITÉRIA – O que queres fazer?

JUCA – Já te disse que deixes tudo por minha conta. Olha: ficas doente; naturalmente mandam-me chamar, e então arranjarei tudo. Oh, que ia esquecendo... Toma sentido no que te vou dizer.

QUITÉRIA – Diga.

JUCA – Quando estiveres doente e eu te der um copo de água com açúcar, vai ficando melhor; porém, logo que eu coçar a cabeça, torna a desmaiar. Entendes?

QUITÉRIA – Entendo, sim. E depois?

JUCA – E depois... Eu te direi. Mas chega tua mãe, e é preciso ocultarmos o plano.

***

[...]

(CENA XIII)

Entra Juca correndo, seguido de Inacinho.

JUCA – O que há de novo?

JOANA – Senhor doutor, minha filha está pra morrer.

JUCA *chega-se para Quitéria e toma-lhe o pulso e diz.* – Não é nada; mande vir um copo com água. (*Sai Joana.*)

JUCA *para Domingos* – Quando digo que não é nada, falto um pouco à verdade, porque sua filha tem uma inflamação de carbonato de potassa.

DOMINGOS JOÃO, *muito espantado* – Inflamação de quê?

JUCA – De carbonato de potassa.

ANTÔNIO – E isto é perigoso, senhor doutor?

JUCA – Muito; não só para ela, como para a pessoa que com ela se casar.

ANTÔNIO, *à parte* – Mau! (*Entra Joana com um copo de água.*)

JOANA – Aqui está a água. (*Juca toma o copo de água, faz que tira uma coisa da algibeira e a deita dentro do copo.*)

JUCA – Este remédio vai curá-la imediatamente. (*Dá à Quitéria, que logo que bebe o primeiro gole abre os olhos.*)

DOMINGOS JOÃO – Viva o senhor licenciado!

QUITÉRIA, *levantando-se* – Minha mãe...

JOANA – Minha filha, o que tem?

JUCA – Esta menina é preciso ter muito cuidado na sua saúde, e eu acho que se ela casar com um homem que não entenda de medicina, está muito arriscada a sua vida.

DOMINGOS JOÃO – Mas isto é o diabo; já prometi-a ao senhor... (*Apontando para Antônio.*)

ANTÔNIO – Mas eu...

JUCA – Arrisca assim a vida de sua filha.

DOMINGOS JOÃO – Já dei minha palavra. (*Juca coça a cabeça.*)

QUITÉRIA – Ai, ai, eu morro! (*Cai na cadeira.*)

TODOS – Acuda, acuda, senhor doutor!

JUCA, *chegando-se* – Agora é outra doença.

DOMINGOS JOÃO – Então o que é agora?

JUCA – É um eclipse.

DOMINGOS JOÃO, *admirado* – Ah! (*Juca esfrega as mãos e passa-as pela testa de Quitéria.*)

QUITÉRIA, *abrindo os olhos* – Já estou melhor.

JUCA – Vê, Srª D. Joana, se sua filha não tiver sempre quem trate dela, morrerá certamente. Não é assim, Srª Angélica? (*Quando diz estas últimas palavras, dá, às escondidas, à Angélica, uma bolsa com dinheiro.*)

ANGÉLICA – Senhor doutor, tem razão, a menina morre.

DOMINGOS JOÃO – Então o que havemos fazer?

JUCA – Se eu não estivesse estudando...

JOANA – O senhor licenciado bem podia...

JUCA – Se meu pai...

DOMINGOS JOÃO – Tenho uma boa fazenda, e o marido de minha filha fica bem aquinhoado.

JUCA – Se o Sr. Domingos quisesse...

DOMINGOS JOÃO – Explique-se.

JUCA – Conhecendo as boas qualidades de sua filha, e estimando muito a sua família, me ofereço...

JOANA, *com presteza* – E o consentimento de seu pai?

JUCA – Esse, o terei.

DOMINGOS JOÃO – Mas a palavra que dei ao Sr. Antônio?

ANTÔNIO – Não se aflija, pois não desejo mais casar-me com uma mulher que tem eclipses.

JUCA – Visto isto, cede?

ANTÔNIO – De boa vontade.

JOANA – Sr. Domingos João, diga ao senhor que sim!

ANGÉLICA – Olhe que sua filha morre!

INACINHO – Meu pai, case-a, com os diabos. O senhor licenciado é boa pessoa.

DOMINGOS JOÃO – Já que todos o querem vá feito. (*Para Juca:*) Minha filha será sua mulher. (*Quitéria levanta-se.*)

JUCA – Como consente, quisera que se efetuasse isto o mais breve possível.

DOMINGOS JOÃO – Iremos agora mesmo falar ao vigário, e de caminho podemos ver a festa.

JOANA – Diz bem.

DOMINGOS JOÃO – Vão-se vestir. (*Saem as duas.*)

JUCA – Quando eu acabar meus estudos, voltarei para ajudar meu pai.

DOMINGOS JOÃO – Dê-me um abraço. (*Para Inacinho:*) Já agora não irás amanhã para a cidade. Quem havia de dizer que o Sr. Juca seria meu genro!

ANGÉLICA – Deus assim o quis.

DOMINGOS JOÃO – E o quebranto, não? Dizia esta mulher, Sr. Juca, que minha filha tinha quebranto, diabo no corpo, espinhela caída, quando ela não teve senão um carbonato de eclipse.

JUCA, *rindo-se sem se conter* – É verdade!

DOMINGOS JOÃO, *desconfiado* – De que ri?

JUCA – Da asneira da senhora.

Martins Pena. *Comédias*. Rio de Janeiro: MEC, 1956.

Estudo do texto

A escrita de uma peça teatral

Atos e cenas

A peça teatral divide-se em atos e cenas. Os atos se constituem de uma série de cenas interligadas por uma subdivisão temática. As cenas se dividem conforme o número de personagens em ação: quando entra ou sai do palco uma personagem, tem-se uma nova cena. Observe o trecho a seguir.

(Cena XIII)
Entra Juca correndo, seguido de Inacinho.
JUCA – O que há de novo?

Diálogos

O cerne de uma peça são os diálogos entre as personagens. As falas, além de revelar para o público quem são e quais são as intenções das personagens, mostram o desenvolvimento da história. A linguagem deve ser adequada à personagem e coerente com a progressão da história. Num texto teatral, o nome da personagem costuma aparecer escrito com letras maiúsculas. Observe:

> JUCA – Quê! Casar contigo aquele urso?
> QUITÉRIA – Meu pai assim o quer.

Rubricas

As rubricas descrevem o que acontece em cena: informam o ambiente, as ações e os sentimentos das personagens. Essas indicações são importantes para orientar a equipe técnica na montagem da peça, bem como os atores nas falas, nas ações e nos gestos.

É comum escrever-se as rubricas em itálico. Quando aparecem no meio ou no final da fala, além de escritas em itálico, também costumam ser colocadas entre parênteses. Veja:

> QUITÉRIA, *com vergonha* – Eu passei bem; saudades, tive muitas.
> ....
> DOMINGOS JOÃO – Já que todos o querem vá feito. (*Para Juca:*) Minha filha será sua mulher. (*Quitéria levanta-se.*)

Produção de textos

Você leu e conheceu as características de um texto teatral. Agora, reúna-se em grupo e, juntos, escrevam um texto teatral para ser representado no encerramento deste projeto. Vocês podem escolher entre as duas propostas a seguir.

Proposta 1

Escolham um conto, uma lenda, uma fábula ou um mito para adaptá-lo para texto teatral.

Proposta 2

Reescrevam as cenas VII e XIII da peça "A família e a festa na roça", adaptando-as aos dias atuais.

Vejam, a seguir, um exemplo de adaptação de um texto narrativo para teatro.

TEXTO NARRATIVO

O melhor amigo

A mãe estava na sala, costurando. O menino abriu a porta da rua, meio ressabiado, arriscou um passo para dentro e mediu cautelosamente a distância. Como a mãe não se voltasse para vê-lo, deu uma corridinha em direção a seu quarto.

— Meu filho? — gritou ela.
— O que é — respondeu, com o ar mais natural que lhe foi possível.
— Que é que você está carregando aí?

Como podia ter visto alguma coisa, se nem levantara a cabeça? Sentindo-se perdido, tentou ainda ganhar tempo:

— Eu? Nada...
— Está sim. Você entrou carregando uma coisa.

Pronto: estava descoberto. Não adiantava negar — o jeito era procurar comovê-la. Veio caminhando desconsolado até a sala, mostrou à mãe o que estava carregando:

— Olha aí, mamãe: é um filhote... Seus olhos súplices aguardavam a decisão.
— Um filhote? Onde é que você arranjou isso?
— Achei na rua. Tão bonitinho, não é, mamãe? Sabia que não adiantava: ela já chamava o filhote de isso. Insistiu ainda:
— Deve estar com fome, olha só a carinha que ele faz.
— Trate de levar embora esse cachorro agora mesmo!
— Ah, mamãe... — já compondo uma cara de choro.
— Tem dez minutos para botar esse bicho na rua. Já disse que não quero animais aqui em casa. Tanta coisa para cuidar, Deus me livre de ainda inventar uma amolação dessas.

O menino tentou enxugar uma lágrima, não havia lágrima. Voltou para o quarto, emburrado: a gente também não tem nenhum direito nesta casa — pensava. Um dia ainda faço um estrago louco. Meu único amigo, enxotado desta maneira!

— Que diabo também, nesta casa tudo é proibido! — gritou, lá do quarto, e ficou esperando a reação da mãe.

— Dez minutos — repetiu ela, com firmeza.
— Todo mundo tem cachorro, só eu que não tenho.
— Você não é todo mundo.
— Também, de hoje em diante eu não estudo mais, não vou mais ao colégio, não faço mais nada.
— Veremos — limitou-se a mãe, de novo distraída com a sua costura.
— A senhora é ruim mesmo, não tem coração.
— Sua alma, sua palma.

Conhecia bem a mãe, sabia que não haveria apelo: tinha dez minutos para brincar com seu novo amigo, e depois...

Ao fim de dez minutos, a voz da mãe, inexorável:

— Vamos, chega! Leva esse cachorro embora.
— Ah, mamãe, deixa! — choramingou ainda: — Meu melhor amigo, não tenho mais ninguém nesta vida.

— E eu? Que bobagem é essa, você não tem sua mãe?

— Mãe e cachorro não é a mesma coisa.

— Deixa de conversa: obedece sua mãe.

Ele saiu, e seus olhos prometiam vingança.

A mãe chegou a se preocupar: meninos nessa idade, uma injustiça praticada e eles perdem a cabeça, um recalque, complexos, essa coisa toda...

Meia hora depois, o menino voltava da rua, radiante:

— Pronto, mamãe!

E lhe exibia uma nota de vinte e uma de dez: havia vendido o seu melhor amigo por trinta dinheiros.

— Eu devia ter pedido cinquenta, tenho certeza de que ele dava — murmurou, pensativo.

Fernando Sabino. *A mulher do vizinho*. 16. ed. Rio de Janeiro: Record, 1991. p. 74.

TEXTO TEATRAL

O melhor amigo

Cena: *A mãe está na sala, costurando. O menino abre a porta da rua, meio ressabiado, arrisca um passo para dentro e mede cautelosamente a distância. Como a mãe não se volta para vê-lo, dá uma corridinha em direção a seu quarto.*

MÃE

(*Gritando:*) Meu filho?

FILHO

(*Responde com a voz mais natural que lhe é possível:*) O que é?

MÃE

Que é que você está carregando aí?

FILHO

Eu? Nada...

MÃE

Está sim. Você entrou carregando uma coisa.

FILHO

(*Vai caminhando com expressão de desconsolado até a sala e mostra o que estava carregando.*) Olha aí, mamãe: é um filhote...

MÃE

Um filhote? Onde é que você arranjou isso?

FILHO

Achei na rua. Tão bonitinho, não é, mamãe? Deve estar com fome, olha só a carinha que ele faz.

MÃE

Trate de levar embora esse cachorro agora mesmo!

FILHO
(*Fazendo cara de choro.*) Ah, mamãe...

MÃE
Tem dez minutos para botar esse bicho na rua. Já disse que não quero animais aqui em casa. Tanta coisa para cuidar, Deus me livre ainda inventar uma amolação dessas.

FILHO
(*Sai de cena emburrado. De fora do palco, grita:*) Que diabo também, nesta casa tudo é proibido!

MÃE
(*Do palco, ela repete em voz alta e com firmeza:*). Dez minutos!

FILHO
(*Ainda fora do palco, ele replica:*) Todo mundo tem cachorro, só eu que não tenho.

MÃE
Você não é todo mundo.

FILHO
(*Ainda fora do palco:*) Também, de hoje em diante, eu não estudo mais, não vou mais ao colégio, não faço mais nada.

MÃE
(*Voltando a costurar, ela responde:*) Veremos.

FILHO
A senhora é ruim mesmo, não tem coração.

MÃE
Sua alma, sua palma...

MÃE
(*Minutos depois, ela grita:*) Vamos, chega! Leva esse cachorro embora.

FILHO
(*Voltando ao palco.*) Ah, mamãe, deixa! Meu melhor amigo, não tenho mais ninguém nesta vida.

MÃE
(*Ela responde encarando o filho, séria*) E eu? Que bobagem é essa, você não tem sua mãe?

FILHO
Mãe e cachorro não é a mesma coisa.

MÃE
Deixa de conversa: obedece sua mãe. (*Com expressão de raiva, o filho sai de cena pela porta e a mãe olha preocupada na direção dela.*)

FILHO
(*Minutos depois, o filho retorna ao palco e exclama radiante:*) Pronto, mamãe! (*Exibe uma nota de vinte e uma de dez: havia vendido o seu melhor amigo por trinta dinheiros.*) Eu deveria ter pedido cinquenta, tenho certeza de que ele dava... (*Murmura, pensativo.*)

Adaptação da crônica "O melhor amigo" realizada especialmente para esta coleção.

Ficha 6 — DIÁLOGO NO TEATRO

Autor(a): _____ Data: ___/___/___

Planejamento

1. Escolham a proposta. Se optarem pela proposta 1, selecionem a história que vão adaptar.
2. Antes de começar a escrever a peça, vocês devem definir os seguintes elementos:
    a) Personagens: nome, idade, características físicas e psicológicas, papel que desempenham na história.
    b) Lugar: onde se passa a história.
    c) Tempo: quando acontecem os fatos.
    d) Conflito: problema central vivido pelas personagens.
    e) Roteiro: breve resumo da história.

Oficina de escritores • 8º ano • Projeto C: Da fala para a escrita

Escrita

1. Ao escreverem a peça, lembrem-se de que a história, no teatro, é contada basicamente pelas falas e pelas ações das personagens. Por isso, é muito importante explicitar a caracterização física e psicológica das personagens e dos seus modos de ação. Nas falas, procurem empregar uma linguagem que esteja de acordo com as personagens: idade, condição social, época em que vivem etc.

2. É necessário criar as rubricas, explicando como os atores vão desempenhar o papel. Escolham, com antecedência, quais recursos visuais e sonoros serão empregados para, na hora de escreverem o texto, prepararem as rubricas adequadamente.

3. Criem os diálogos.

4. Pensem nas soluções para transformar o texto narrativo em texto teatral. Reflitam sobre as questões abaixo.

    a) Como serão reproduzidos os pensamentos das personagens? As rubricas resolvem o problema ou será necessário ampliar as falas?

    b) O narrador será substituído ou mantido? Como isso será feito?

    c) Como será marcada a passagem do tempo?

    d) Como será o cenário?

    e) Serão utilizados efeitos sonoros?

Autor(a):

Revisão

Ao realizarem a revisão do texto teatral, façam uma leitura oral do texto. Isso lhes permitirá perceber melhor o ritmo e a adequação das falas, bem como a sequência da história. Para uma revisão mais completa, orientem-se pelo Roteiro de revisão a seguir.

Roteiro de revisão	Avaliação do autor		Avaliação do leitor	
	SIM	NÃO	SIM	NÃO
Gênero textual				
1. O texto atende às características do gênero texto teatral?				
Cenário				
1. Em relação ao cenário, há indicações, por meio de rubricas, das ações e dos sentimentos das personagens?				
Coesão				
1. Fica claro no texto o conflito básico vivido pelas personagens?				
Adequação à norma-padrão				
1. A linguagem usada nas falas está adequada às personagens?				

Comentários do leitor (você ou um colega):

_____
_____
_____
_____
_____
_____
_____
_____
_____
_____
_____
_____
_____
_____

Autor(a): _____

Reescrita

Reescrevam a peça para apresentá-la a alguns leitores. Com base nas observações e nos comentários deles, escrevam a edição final do texto.

_____

_____

_____

_____

_____

_____

_____

_____

_____

_____

_____

_____

_____

_____

_____

_____

_____

_____

Encenação

1. Definam o papel de cada integrante do grupo.
2. Treinem a dicção das palavras.
3. Ensaiem as falas, a entonação, as pausas, a postura corporal e a gestualidade.
4. Memorizem as falas para dramatizar o texto, o que implica "ser" a personagem que fala e vive o papel.
5. Em cena, cada ator deve dizer seu texto pausadamente, voltado para a plateia, e, quando o público rir ou aplaudir, deve fazer uma pausa.

GUIA DE REVISÃO DE TEXTOS

1. Edição
2. Generalização
3. Particularização dos fatos
4. Língua falada × língua escrita
5. Coesão por referência
6. Coesão por substituição

Critérios de revisão

Revisar e reescrever um texto, alterando-o por meio de acréscimos, reduções, ampliações, substituições, não é tarefa fácil. Exige, além de disciplina, o domínio das várias possibilidades de organização, bem como dos recursos que a língua oferece para transmitir uma informação. Há uma frase que já se tornou lugar-comum na orientação do processo de escrita e que traduz a postura que você, como escritor, deve ter no trabalho de escrita e reescrita de um texto:

> "Escrever não é um ato de inspiração, mas de transpiração."

Este guia não pretende livrá-lo da "transpiração", mas ajudá-lo a obter frutos dela. Para isso, sugerimos, como disciplina desse processo de revisão e reescrita, um roteiro dos critérios de revisão.

Trata-se de ferramentas básicas para que você possa ler, reler e reescrever o próprio texto com segurança.

Ao fazer a revisão, analise o texto sob os aspectos a seguir.

- Edição
- Concisão
- Coesão
- Coerência
- Adequação à norma-padrão

1 EDIÇÃO

Neste livro, consideramos **edição** os aspectos gráficos (letra, paragrafação, margens, ausência de rasuras) que ajudam a dar legibilidade ao texto. Muitas vezes, o leitor não entende o que está escrito porque não consegue ler, pois o texto está parcial ou totalmente ilegível.

A edição final de um texto pode ser apresentada em letra manuscrita ou em letra impressa. A seguir, serão analisados os cuidados que você deve ter na edição de um texto manuscrito.

Texto manuscrito

No ambiente escolar, muitas vezes um texto é escrito à mão. Para ser bem entendido pelos leitores, o texto manuscrito exige que o autor tenha alguns cuidados:

- na letra;
- na indicação de parágrafos;
- nas margens;
- na organização do texto, evitando rasuras;
- nos destaques.

Letra

O problema central da letra, num texto manuscrito, é a ilegibilidade. Para ser eficiente na comunicação, a letra deve ser legível, não necessariamente "bonita". Letra legível é aquela que um leitor consegue ler sem dificuldade, sem precisar deduzir o que está escrito.

A letra pode ser ilegível pelos seguintes motivos:

1. **Desenho**: a maneira como se escrevem as letras faz parte de uma convenção social que deve ser respeitada. Existe um formato básico que, embora admita pequenas variações individuais, não pode fugir do padrão.

   Pergunte a seus leitores se eles entendem a sua letra. Caso a resposta seja negativa, observe se o problema não é o desenho dela e procure melhorar.

2. **Espaçamento**: muitas vezes, o texto se torna ilegível porque entre as letras de uma palavra há:
   a) espaço muito grande; nesse caso, além da dificuldade de ler a palavra, não se sabe quando uma palavra termina e quando começa a outra;
   b) espaço muito pequeno; nesse caso, as letras quase se sobrepõem umas às outras, dificultando a leitura.

3. **Tamanho**: a dificuldade de leitura de um texto manuscrito pode ser decorrente do tamanho desproporcional das letras. Ou o autor do texto as escreve muito grandes, preenchendo todo o espaço da linha, ou tão pequenas que não é possível lê-las.

Caso seus leitores não entendam sua letra ou reclamem dela, procure identificar o problema. Conhecendo a causa, com certeza será mais fácil solucioná-lo.

Parágrafo

Parágrafo é uma unidade de composição formada por uma ou mais frases relacionadas a uma ideia central.

- Para o escritor, o uso do parágrafo facilita a tarefa de dividir o texto em partes.
- Para o leitor, permite acompanhar os diferentes estágios do desenvolvimento do texto.

Indicação de parágrafos

Para indicar o começo do parágrafo, faz-se, na primeira linha, um ligeiro afastamento da margem esquerda.

Muitos textos manuscritos apresentam, em relação à indicação do parágrafo, dois tipos de problemas:

- não é dado espaço na margem esquerda, na primeira linha do parágrafo;
- falta uniformidade nesses espaços.

Ao dar a redação final ao seu texto, na indicação dos parágrafos, procure manter sempre o mesmo espaço.

Margens

Ao escrever seu texto definitivo, tenha, em relação às margens, os seguintes cuidados:

1. Mantenha pequena distância à direita e à esquerda.
2. Faça margens regulares.
3. Separe corretamente as sílabas.

Ausência de rasuras

A edição final de um texto deve ser, quanto ao aspecto estético, muito bem cuidada. Além de se preocupar em fazer letra legível, indicar adequadamente os parágrafos, fazer margens regulares, você deve evitar rasuras. A apresentação é seu cartão de visita. Um texto rabiscado e rasurado pode causar impressão negativa no leitor.

Para que seu texto, na edição final, apresente-se limpo e sem rasuras, é importante fazer todas as alterações que você julgar necessárias no rascunho. Nele poderão ser efetuados acréscimos, cortes e rasuras. Para ganhar tempo, muitos alunos dispensam essa primeira etapa de escrita (rascunho), o que dificulta a execução de mudanças que podem ajudar a melhorar o texto.

Voltamos a repetir uma sugestão apresentada na etapa de produção: escreva o rascunho do texto a lápis, sem usar borracha. Isso vai lhe conferir maior liberdade, viabilizando um texto final resultante de leituras e releituras.

Como dar destaque

Num texto manuscrito, são dois os recursos básicos para dar destaque:

- letra maiúscula;
- sublinhado.

Observações:

1. Evite usar em demasia a letra maiúscula ou o sublinhado.

2. No corpo do texto, não utilize os dois recursos ao mesmo tempo: sublinhe ou use letra maiúscula.

3. Não empregue aspas para destacar uma palavra. As aspas têm outras funções, como indicar citação alheia, fala de personagem, palavras ou expressões irônicas, palavras ou expressões populares.

Atividade

Reúna-se com três colegas e, juntos, verifiquem se a edição de seus textos atende aos requisitos mencionados a seguir:

1. legibilidade da letra;
2. regularidade das margens;
3. indicação de parágrafos;
4. ausência de rasuras.

Guia de revisão de textos

2 GENERALIZAÇÃO

Compare os textos a seguir.

TEXTO A

Estava um dia muito quente, um calor terrível, muito abafado. Quase não se conseguia respirar direito de tão forte que era o calor. Também não dava para andar na cidade com tanto calor. Não se via quase ninguém andando nas ruas porque o ar estava muito quente. Quase 40 graus.

TEXTO B

[...]
Era um dia abafadiço e aborrecido. A pobre cidade de São Luís do Maranhão parecia entorpecida pelo calor. Quase não se podia sair à rua: as pedras escaldavam, as vidraças e os lampiões faiscavam ao sol como enormes diamantes, as paredes tinham reverberações de prata polida; as folhas das árvores nem se mexiam; as carroças de água passavam ruidosamente a todo instante, abalando os prédios, e os aguadeiros, em mangas de camisa e pernas arregaçadas, invadiam sem cerimônia as casas para encher as banheiras e os potes. Em certos pontos não se encontrava vivalma na rua; tudo estava concentrado, adormecido; só os pretos faziam as compras para o jantar ou andavam no ganho.
[...]

Aluísio Azevedo. *O mulato*. São Paulo: Ibep, 2011.

Ao ler esses dois textos, você percebe que há neles um objetivo comum: comunicar o forte calor presente no ambiente. Há, porém, uma diferença significativa na maneira como esse objetivo é realizado.

No Texto **A**, o autor parece girar em círculos ao repetir a mesma informação.

- um dia muito quente
- um calor terrível
- muito abafado
- tanto calor
- ar estava muito quente
- quase 40 graus

→ MUITO CALOR

No Texto **B**, ao contrário, o autor parte de uma ideia geral e, gradativamente, vai oferecendo detalhes que permitem ao leitor ter a percepção do ambiente. O leitor consegue visualizá-lo.

Generalização	• dia abafadiço e aborrecido • cidade entorpecida pelo calor
Especificação	• não se podia sair à rua • as pedras escaldavam • as vidraças e os lampiões faiscavam ao sol • as folhas das árvores nem se mexiam • as carroças de água passavam ruidosamente • os aguadeiros, em mangas de camisa e pernas arregaçadas, invadiam sem cerimônia as casas para encher as banheiras e os potes • não se encontrava vivalma na rua • tudo estava concentrado, adormecido

Atividade

O problema central do texto que apresentamos abaixo é a generalização. Para comunicar uma impressão do ambiente e dos elementos que o compõem, o autor usa palavras de significação geral, que não permitem ao leitor imaginar o espaço. Dizer, por exemplo, que o lugar era "lindo" não oferece ao leitor elementos para imaginar o lugar. A percepção de beleza é decorrente da observação de um conjunto de aspectos presentes no objeto, no ambiente ou na pessoa descritos. Por isso, um texto não deve apenas dizer que algo é "lindo", mas procurar mostrar ao leitor os elementos que expressam isso.

Leia atentamente o texto a seguir, escrito por um aluno. Reescreva-o, eliminando as generalizações e oferecendo elementos que especifiquem as sensações básicas que o autor pretende comunicar. Faça as alterações e as correções que julgar necessárias.

> [...]
> Era um lugar lindo como nunca tinha visto antes.
> Estive em uma fazenda no último fim de semana, por onde passava via coisas lindas, os pássaros de lá pareciam mais alegres e dispostos a cantar, as árvores coloridas de flores e frutos, enfim, tudo era lindo.
> [...]
>
> Lúcia Kopschitz Bastos. *Coesão e coerência em narrativas escolares.*
> São Paulo: Martins Fontes, 2001.

3 PARTICULARIZAÇÃO DOS FATOS

Muitas vezes, na produção de um texto, após escrever algumas linhas, o autor acha que já disse tudo o que era importante e que não há mais nada a dizer. Por que acontece isso?

Para refletir sobre esse assunto, leia os textos a seguir. Eles foram escritos por alunos do 6º ano, com base em uma proposta que solicitava que contassem a conversa de uma pessoa diante do espelho.

TEXTO A

Um dia, quando eu estava no meu quarto, eu fui ao espelho. Estava me olhando quando comecei a falar comigo mesma.

A conversa era sobre um amigo. Como ele é bonito.

E assim foi a conversa todo o tempo.

Já era noite quando parei de conversar comigo mesma.

E assim foi o dia todo.

TEXTO B

Entrou no quarto uma moça. Estava muito triste. Foi ao espelho, sentou-se no banco e ficou olhando sua imagem.

Ela ficou parada por algum tempo, não se mexeu, sentia uma sensação estranha, pegava a escova, passava no cabelo com força, com vontade de arrancá-lo da cabeça. Pegou o creme e passou no rosto com força, tentando machucar-se.

Ela tinha ódio dela mesma, não sei por quê, mas eu acho que ela cometeu algum erro para se odiar tanto assim.

1. O Texto B possibilita ao leitor aproximar-se da personagem e "ver", na imaginação, o que está acontecendo. Como o autor conseguiu isso?

2. No Texto A, isso não acontece. Por quê?

Você deve ter notado que no texto A não são particularizadas as ações da personagem. Ao contrário, no texto B, o autor se aproxima da personagem e acompanha em detalhes o que ela faz e o que sente. Para isso, particulariza suas ações: entrou, sentou-se, ficou olhando, não se mexeu, sentia, pegava etc.

Atividade

Reescreva o Texto A contando em detalhes as ações e as sensações da personagem diante do espelho. Para isso, procure:

- relatar **ações específicas** que ajudem o leitor a "ver" a personagem;
- contar as **sensações** da personagem (o que ela pensa e sente);
- informar ao leitor **como era o lugar** em que estava a personagem.

Para conseguir essa aproximação, procure mostrar em detalhes ao leitor o que a personagem faz, fala, pensa, sente e como é. Por exemplo, vamos supor que você quer mostrar que a personagem está nervosa. Se escrever apenas "Ela está nervosa", o leitor pode não conseguir imaginar como isso se expressa em suas ações, em suas expressões. Mostre a personagem nervosa: o que ela faz, como reage, sua expressão facial. Provavelmente, nem será necessário dizer ao leitor que a personagem está nervosa: o conjunto dessas informações sugerirá isso.

4 LÍNGUA FALADA × LÍNGUA ESCRITA

Repetições na língua falada

A língua falada e a língua escrita apresentam muitas diferenças. Uma delas é que a língua falada acontece no tempo, e a língua escrita, no espaço.

Como o tempo é irreversível – o que aconteceu não se repete mais –, o emissor, para ter certeza de que o destinatário recebeu a informação, pode repetir o que foi dito.

O espaço, ao contrário, é reversível. O leitor pode voltar ao texto, relê-lo várias vezes até entender aquilo que foi escrito. Exige-se, portanto, como qualidade fundamental do texto escrito, a concisão.

Apresentamos a seguir dois textos. O primeiro é a transcrição de um texto falado. As falas irreconhecíveis são identificadas com o sinal ( ); os alongamentos foram indicados com o sinal :: ou ::: . O segundo texto foi escrito com base no texto oral, com a eliminação das repetições e dos elementos próprios da língua falada (alongamentos de voz, entonações, hesitações, marcadores de conversação etc.).

Texto oral

Eram dois ratinhos... Que eles viviam numa casa velha... E eles gostavam muito de passear pela casa, né? Porque lá eles ( ) pela parede pelo pelo forro pela... Por todos os lugares que tinha lá em cima... Por dentro e o que eles gostavam mais de ir... Era pe/pela cozinha porque lá tinha comida... E eles teve uma :: noite que eles foram até a cozinha e eles comeram muito até se empanturrarem muito de tanta comida... Aí ficaram com sede... E eles começaram procurar coisas para beber... foram por aqui por ali... Não acharam aí eles viram que tinha em cima dum:: da mesa mesa uma::: tigela co:: coberta com um pano aí eles foram até a tigela pra ver o que tinha lá na ti:: ti::tigela... aí eles foram ver... era coalhada... aí um deles escorregou e caiu na tigela... e foi e foi pegar ajudar o outro... o rabinho no rabinho do outro e caiu os dois... e os dois começaram a nadar a se debater... mas não dava pra eles sair da tigela porque as bordas escorregava... eles nadavam nadavam nadavam nadavam não conseguiam sair... aí um dos ratinhos... um dos camundongos desistiu e o outro lá continuou nadando nadando nadando nadando... aí no dia seguinte... a cozinheira... foi lá pra ver o leite que nessa tigela do leite ela ia fazer a coalhada... e ela foi na! quando ela abriu ela teve surpresa porque o ratinho... que desistiu de nadar morreu... e o outro de tanto de tanto bater o leite né que ia virar coalhada acabou virando manteiga... como ficou sólido... ela acabou saindo a:: cozinheira achou as patinhas na:: na manteiga... descobriu que o ratinho saiu deixando ( ) na manteiga.

Havia dois camundongos e eles moravam em uma casa velha e adoravam passear por ela. O lugar que eles mais gostavam de ir era na cozinha. Uma noite eles foram até lá e comeram, comeram tanto até dizerem chega. Depois de encherem as barriguinhas, sentiram muita sede e foram procurar alguma coisa para beber.

Procuraram, procuraram e nada. Até que um deles avistou uma tigela coberta por um pano e foram ver o que era. Era leite que a cozinheira havia deixado para fazer coalhada. Só que um deles escorregou e caiu na tigela e acabou puxando o rabo do outro, que também caiu. Desesperados, os dois começaram a nadar, mas não conseguiram sair, pois as bordas da tigela escorregavam. Com o passar do tempo foram se cansando e um deles desistiu. Mas o outro, perseverante, continuou a nadar e nadar a noite toda.

No dia seguinte, a cozinheira foi até a tigela e teve duas surpresas: o ratinho que havia desistido de nadar morreu. E a coalhada onde o outro ratinho nadou virou manteiga e como ficou sólida ele conseguiu sair da tigela, deixando as marquinhas de seus pés na manteiga.

Leonor Lopes Fávero et al. *Oralidade e escrita*.
São Paulo: Cortez, 2009. Fragmentos.

Atividade

Imagine uma situação que você vivenciou e reescreva-a na página seguinte, de acordo com os padrões da escrita. Observe os seguintes itens:

1. Divida o texto em parágrafos.
2. Elimine as redundâncias.
3. Complete as frases de acordo com o contexto.
4. Pontue corretamente.
5. Escreva empregando ortografia usual.
6. Acrescente informações que estejam de acordo com o contexto da história que foi contada.

5 COESÃO POR REFERÊNCIA

Ao ler um texto, você pode perceber que os elementos que o compõem – as palavras, as frases e os parágrafos – não estão soltos. Há entre eles uma ligação. A essa costura ou conexão entre os vários elementos do texto damos o nome de **coesão**.

Coesão por referência

Na língua, há algumas palavras que têm a função de fazer referência a outras palavras presentes no texto. Vamos observar isso no trecho a seguir.

> [...] Durante o período de amamentação, a mãe ensina os segredos da sobrevivência ao filhote e é arremedada por **ele**. A baleiona salta, o filhote **a** imita. **Ela** bate a cauda, **ele** também **o** faz.
>
> *Veja*, set. 1997.

Observe que as palavras destacadas retomam uma palavra ou uma informação anterior, fazendo referência a ela.

A mãe ensina os segredos da sobrevivência ao filhote e é arremedada por ele.

A baleiona salta, o filhote a imita. Ela bate a cauda, ele também o faz.

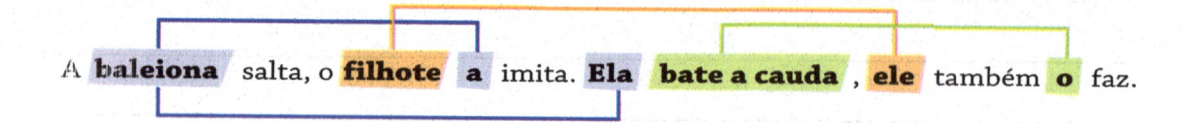

Existem classes de palavras cujo objetivo básico é funcionar como referência. São elas:

- **Pronomes pessoais**: eu, tu, ele, ela..., me, te, o, os...
- **Pronomes possessivos**: meu, teu, seu, nosso...
- **Pronomes demonstrativos**: este, esse, aquele, isso...
- **Pronomes indefinidos**: algum, nenhum, todo...
- **Pronomes relativos**: que, o qual, onde...
- **Advérbios de lugar**: aqui, aí, lá...

Atividades

1. Sublinhe no texto as palavras que dão coesão a ele, fazendo referência a um elemento anterior.

> Os amigos que me restam são da data mais recente; todos os amigos foram estudar a geologia dos campos-santos. Quanto às amigas, algumas datam de quinze anos, outras de menos, e quase todas creem na mocidade. Duas ou três fariam crer nela aos outros, mas a língua que falam obriga muita vez a consultar os dicionários, e tal frequência é cansativa.
>
> Machado de Assis. *Dom Casmurro*. São Paulo: Ática, 2011.

2. Apresentamos a seguir um rol de informações a respeito de um animal ameaçado de extinção: o peixe-boi. Escreva um texto sobre ele. Para isso, relacione as informações fornecidas, usando palavras que façam a ligação entre elas.

> 1. O peixe-boi da Amazônia alcança de 2,8 a 4,0 m de comprimento e pesa até 400 kg. Seu couro é extremamente grosso e resistente.
> 2. Os índios tupis-guaranis chamam o peixe-boi de igarakuê, que significa "canoa virada".
> 3. Quando o peixe-boi é visto com as costas para fora da água, lembra o formato de uma canoa emborcada.
> 4. Herbívoros consomem diariamente cerca de 10% de seu peso em plantas aquáticas e semiaquáticas.
> 5. Durante a estação de cheia, deslocam-se para áreas de mata inundada, onde podem encontrar grande quantidade de alimento.
> 6. Os peixes-boi eram caçados pela sua carne e couro.
> 7. A caça é feita pelas populações ribeirinhas que apreciam a carne do peixe-boi. Além da caça, outra ameaça é a degradação do meio ambiente.
> 8. Esses animais correm risco de extinção.
> 9. Dentro da água é ágil, alcança a velocidade de 25 quilômetros por hora.
> 10. Enquanto se movimenta, precisa vir à superfície de cinco em cinco minutos para respirar. Quando estão em repouso ficam mais tempo debaixo d'água, cerca de 25 minutos.
>
> *Ciência Hoje das Crianças*. Ano 13, n. 107, out. 2000.

Ao escrever esse texto, você, com certeza, vai utilizar muito uma classe de palavras: o pronome (reto, oblíquo, possessivo e demonstrativo). Além dos pronomes, use palavras que retomam no texto a referência ao peixe-boi. Veja algumas sugestões: **animal**, **animal aquático**, **mamífero aquático**, **animal em extinção**, **espécie em extinção** etc.

6 COESÃO POR SUBSTITUIÇÃO

Na composição de um texto, a informação tem um mesmo referente (pessoa, objeto, lugar etc.). Para indicar esse referente, o autor pode fazer uso de palavras ou expressões que têm relação de semelhança quanto ao significado com o nome que já apareceu no texto. Observe como isso acontece no texto a seguir.

O talismã de *dreadlocks*

O roteiro que o destino reservou ao **jovem atacante** beira o realismo fantástico. Recém-chegado do Bragantino, **o garoto de *dreadlocks*** à la Djavan estreou em um clássico contra o Palmeiras, há duas semanas. O Corinthians atuava com a equipe B – os titulares foram poupados para a final da Libertadores – e **Romarinho** marcou dois golaços. Três dias mais tarde, já estava em Buenos Aires, incluído de surpresa na delegação que enfrentou o Boca. O jogo estava 1 a 0 para os argentinos quando, aos 38 minutos do segundo tempo, Tite **o** chamou e pediu para **ele** atuar apenas pelo lado direito. "Só ali?", perguntou. Era isso mesmo. Em **sua** primeira participação (pela direita, claro), **o garoto** iluminado recebeu de Emerson e, como se estivesse em uma pelada na rua, com frieza e absoluta precisão, deu uma "cavadinha" para encobrir o goleiro Orión. O lance fez parte da imprensa internacional pensar que a intimidade com a bola vinha do fato de ele ser filho do artilheiro Romário. Nada: **seu** nome é resultado da mistura dos nomes do pai (Ronaldo) e do avô (Mário). Após o confronto, deu entrevista com uma tranquilidade assombrosa, como se tivesse passado a vida marcando gols históricos.

NOME: Romário Ricardo da Silva
IDADE: 21 anos
POSIÇÃO: atacante

Veja São Paulo, 11 jul. 2012.

Guia de revisão de textos 191

Observe quantas maneiras diferentes foram empregadas para fazer alusão à mesma pessoa. Nesse parágrafo, observamos ainda outros mecanismos de coesão que você já conhece: **sua**, **ele**, **o**, que retomam o nome **Romarinho**.

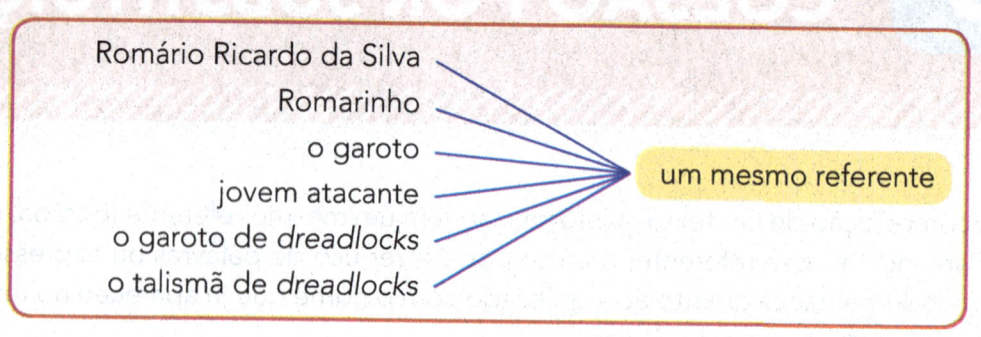

Romário Ricardo da Silva
Romarinho
o garoto
jovem atacante
o garoto de *dreadlocks*
o talismã de *dreadlocks*
→ um mesmo referente

Atividade

Leia o texto.

Aquele garoto das argolas

Como Arthur Zanetti, ouro na Olimpíada de Londres, virou o maior ginasta da história do Brasil

Aos 7 anos, Arthur Zanetti até tentou jogar futebol. "Eu era muito ruim. Sempre ficava no banco." Acabou na ginástica artística por indicação de um professor. Na segunda-feira 6, Zanetti, de 22 anos, finalmente mostrou ao mundo o que aprendeu treinando nos aparelhos da Sociedade Esportiva Recreativa Cultural Santa Maria, em São Caetano do Sul, São Paulo. Com uma apresentação praticamente perfeita, na arena North Greenwich, em Londres, o ginasta de 22 anos conquistou o ouro nas argolas, a primeira medalha olímpica da ginástica brasileira. O aparelho, considerado um dos mais difíceis do esporte, foi uma escolha natural. Baixo para um garoto de sua idade, Zanetti, hoje com 1,56 metro, apresentava dificuldades para treinar no cavalo com alças e na barra fixa. Em compensação, já se destacava pela força nos braços, requisito imprescindível para praticar os ousados movimentos nas argolas. Ele se especializou na prova aos 10 anos, quando executou pela primeira vez o cristo, posição em que precisava ficar suspenso com os braços abertos, formando uma cruz, por ao menos dois segundos. "Fazer isso com aquela idade é um diferencial", disse Zanetti a ÉPOCA, às vésperas de viajar para Ghent, na Bélgica, onde a equipe de ginástica treinou por dez dias antes dos Jogos de Londres. Esse é o máximo de soberba que se pode esperar de Zanetti. Na maioria de suas entrevistas, ele repetiu frases que expressavam modéstia. "Só penso em fazer a minha parte."

Época, edição 743, 13 ago. 2012.

No texto, estão presentes alguns recursos da língua que dão coesão ao texto.

a) Para referir-se ao ginasta, o texto emprega alguns nomes. Quais são eles?

_____

b) Também há no texto algumas palavras que fazem referência ao ginasta. Quais são elas?

_____